Martin Kramer

Aufstellungsarbeit im Klassenzimmer

Nonverbale Kommunikationssysteme – ein stiller Paradigmenwechsel

Klett | Kallmeyer

Bibliografische Information der Deutschen Nationalbibliothek
Die Deutsche Nationalbibliothek verzeichnet diese Publikation in der Deutschen Nationalbibliografie; detaillierte bibliografische Daten sind im Internet über http://dnb.d-nb.de abrufbar.

Impressum

Martin Kramer
Aufstellungsarbeit im Klassenzimmer
Nonverbale Kommunikationssysteme – ein stiller Paradigmenwechsel

1. Auflage 2019

Redaktion: Dirk Haupt, Leipzig
Illustrationen und Fotos: Martin Kramer, Tübingen
Realisation: Bernd Burkart, Weinstadt-Baach
Druck: BELTZ Grafische Betriebe, Bad Langensalza
Printed in Germany

ISBN: 978-3-7727-1356-9

Martin Kramer

Aufstellungsarbeit im Klassenzimmer

Nonverbale Kommunikationssysteme – ein stiller Paradigmenwechsel

Klett | Kallmeyer

Inhalt

Vorwort

Unterricht ist Kommunikation. Verändert man die Kommunikation, verändert sich alles. Nonverbale Kommunikationssysteme im Klassenraum bedeuten somit einen „stillen“ Paradigmenwechsel.
Die Idee ist einfach: Verbale Kommunikation beruht auf akustischen Signalen. Diese sind gemäß ihrer Natur eindimensional. Spricht nur einer im Raum, ist der Kanal bereits „verstopft“. Es können keine zwei Äußerungen gleichzeitig stattfinden, ohne dass es ein Durcheinander gibt.

Kommunikationswege

Mit der Verwendung optischer bzw. nonverbaler Kommunikationswege können viele Äußerungen gleichzeitig geschehen, ähnlich wie mehrere Bilder im Raum „gleichzeitig“ hängen können, ohne dass die Betrachtung gestört wird. Wenn hingegen mehrere Musikstücke oder mehrere Durchsagen gleichzeitig ablaufen, entsteht Chaos. Nonverbale Kommunikationssysteme ermöglichen simultanes Einzelabfragen und Diskussionen der ganzen (!) Klasse. Dabei können alle gleichzeitig auf eine Frage antworten. Aber es geschieht noch mehr: Nicht nur der Lehrer sieht, wer was geantwortet hat. „Jeder“ im Raum kann „jede“ Antwort prinzipiell einsehen. Damit wird eine gemeinsame Erörterung durch interaktive Aufstellungsarbeiten zu Sachthemen möglich.

Nonverbale Kommunikationssysteme sind sehr leicht anzuwenden. Sie benötigen keine spezielle Technik oder Vorbereitung. Die Umsetzung gelingt spontan: Mit den Fingern oder dem Körper wird eine Mitteilung angezeigt, durch einen Ortswechsel eine Äußerung. Der Unterricht verändert sich grundlegend. Der Lehrer wird zum Gestalter unterrichtlicher Kommunikation, der Unterricht ist nicht mehr ein „Machwerk“ des Lehrers. An die Stelle des „Trichters“ treten fruchtbare Schülerdiskussionen.
Die Entdeckung nonverbaler Kommunikationssysteme gehört zu den beglückenden Dingen in meiner didaktischen und pädagogischen Tätigkeit. Ich wünsche Ihnen und Ihren Schülern viel Freude im gemeinsamen Miteinander.

Tübingen im Februar 2019,
Martin Kramer

Zum Buch

Ein soziales System, z. B. Unterricht, besteht aus Kommunikationen. Werden diese verändert, verändert sich alles. Die Anwendung nonverbaler Techniken ist daher ein sehr mächtiges und tiefgreifendes Gestaltungsinstrument.

Aufbau
Das Buch besteht aus vier Teilen.

(I) Einführung in nonverbaler Kommunikationssysteme. Ein systemischer Ansatz: Alle sehen alles. Alle sehen alles
(II) Direkte Äußerungen durch den Körper: Das ist der naheliegende Ansatz einer Zeichensprache und hat seine Wurzeln in der Gebärdensprache.
(III) Aufstellungsarbeit im Klassenzimmer: Hier geschehen die Äußerungen indirekt über die Umwelt. Es geht nicht darum, „wie" der Körper etwas darstellt, sondern „wo" er steht – das Prinzip der Ortskodierung.
(IV) Weiter ist nicht nur der Ort, sondern auch das Material ein Teil der Umwelt. Die Kommunikation geschieht über das Gestalten. Somit kann im Material eine Historie enthalten sein.

Passende Sprache
Nonverbalität ist Teil der Sprache, also finden sich in allen Kapiteln ausschließlich Sprachbeispiele – ähnlich wie ein Gedicht oder ein Roman Beispiele für Sprache gibt. Es ist sehr hilfreich, sich mit konkreten Beispielen auseinanderzusetzen und nachzuspielen. Aber es spricht kein Mensch wie ein Gedicht oder ein Roman.
Daher vorab der Appell: Spielen Sie mit den Wörtern und Buchstaben der Nonverbalität. Experimentieren Sie, verändern Sie, erfinden Sie Neues und achten Sie dabei auf Ihr eigenes nonverbales „Sprachgefühl". Es gibt keine „richtige" Sprache, sondern nur eine passende. Passend zur Situation und passend zu den Gesprächsteilnehmern.

Zur Sprache im Buch
Mit den Begriffen „Schüler" oder und „Lehrer" möchte ich „nur" eine bestimmte Rolle bezeichnen. Ich möchte die Entscheidung zwischen männlich und weiblich beim Schreiben gar nicht treffen und aus einem grammatischen Geschlecht kein biologisches machen. Wenn ich zwischen Schülerinnen und Schülern abwechseln würde,

dann wäre der Genderfrage vielleicht genüge getan, aber dann müssten Sie als Leser in Geschlechtern denken. Ich bitte um Verständnis.

Zielgruppe

Angesprochen sind alle, die mit sozialen Systemen zu tun haben. Die Konzepte gelten für Schüler- ebenso wie für Arbeitsgruppen in Betrieben. Im Text sind manche Übungen bewusst für Abteilungsleiter verfasst, erstens, weil das Thema dort eine bedeutende Rolle spielt und zweitens, weil Schule sich an der realen Arbeitswelt orientieren darf.

Kapitel 1
Grundlegendes zu Systemen

1.1 Nonverbale Kommunikationssysteme

Jeder, der schon einmal eine Schule betreten hat, kennt nonverbale Kommunikation: Das Heben des rechten Armes bedeutet: „Ich möchte etwas sagen!“ Und damit ist leider der gesamte bewusste und professionelle Einsatz nonverbaler Kommunikationstechniken im Unterricht bereits ausgeschöpft. Leider.

Dabei gehört das „Melden“ nicht gerade zu den schönsten und originellsten Methoden. Aber es ist ein Beispiel für das Nonverbale, sozusagen ein „nonverbales Wort“, das jeder kennt und das den Einstieg in nonverbale Kommunikationstechniken auf leichte Weise ermöglicht.

Der Junge auf dem Bild erhebt seinen Zeigefinger. Würde er seinen Mittelfinger erheben, wäre dies eine ganz andere Äußerung. Es ist wichtig, dass jeder Anwesende das nonverbale Zeichen verstehen kann – wie bei allen Kommunikationssystemen, seien die Zeichen aufgeschrieben oder verbal geäußert.

Nonverbale Kommunikationssysteme entfalten vor allem in der Gruppe ihre Wirkung, da bereits durch einen Redner der verbale Gesprächskanal verstopft ist. Wenn Sie zu zweit Essen gehen, werden Sie nicht die Hand heben, um eine „Meldung“ zu machen, damit ihr Partner versteht, dass Sie etwas sagen möchten (falls doch, liegt das Problem tiefer). In der Gruppe gewinnt das Nonverbale an Bedeutung, z. B. in einer Schulklasse. Durch die nonverbale Meldung (das Heben des rechten Armes) geschehen Dinge, die so selbstverständlich sind, dass wir sie häufig übersehen: Es ist möglich, dass sich ganz viele Schüler gleichzeitig äußern.

Ansonsten gäbe es die zugehörige Zeichensprache (Heben des rechten Arms) nicht. Wenn jeder im Raum sich mit „Ich möchte etwas sagen!“ äußern würde, würde es schnell laut und unübersichtlich. Wer sich nicht meldet, der äußert sich ebenfalls, und zwar mit: „Ich möchte nichts sagen.“

Entscheidung

Nonverbale Kommunikation zwingt, wie auch die verbale, immer in die Entscheidung. Nur ist es im nonverbalen Fall offensichtlicher. Man kann nicht nicht kommunizieren.[1]

Kommunikation wird sichtbar – Alle sehen alles

Verbale Kommunikation verwendet das Erzittern der Luft, um etwas mitzuteilen. Das ist ein eindimensionaler Kanal. Wenn nur eine Person spricht, ist bereits der gesamte verbale Kommunikationsraum belegt. Die Regel, dass „alle schweigen, wenn einer spricht“, hängt demnach mit der Physik des Sendens und Empfangens zusammen. Nonverbale Kommunikation basiert auf der Optik, welche ein zweidimensionales Bild auf der Netzhaut abbildet. Das ermöglicht die Gleichzeitigkeit von Äußerungen. Während bei verbaler Kommunikation nur ein Gesprächskanal in lediglich einer Richtung (vom Sender zum Empfänger) verwendet werden kann, kann ein nonverbaler Austausch über viele Kanäle nahezu gleichzeitig geschehen.

Ein systemischer Ansatz

Die Anzahl der Kommunikationsachsen wächst sehr schnell mit der Anzahl der Gesprächsteilnehmer. Bei zwei Personen im Raum gibt es nur eine Kommunikationsachse, bei dreien sind es bereits drei, bei vier Teilnehmern sechs (vgl. die Skizzen).

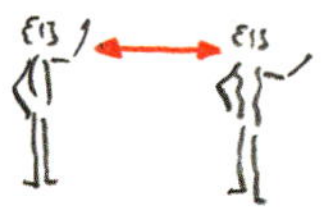

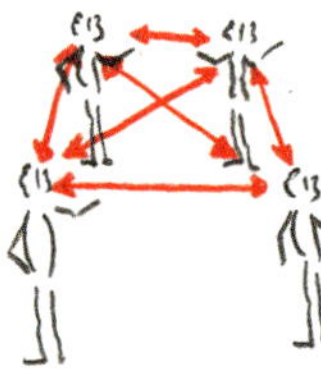

In einer Klasse mit 28 Schülern existieren zwischen den Schülern 1 + 2 + 3 + … + 27 = 378 Achsen. Die folgende Skizze zeigt die Wirkung des explosionsartigen Zuwachses der Kommunikationskanäle. Es wurden wegen der Übersichtlichkeit nur von drei Schülern die Achsen

1 Erste Grundregel menschlicher Kommunikation nach Paul Watzlawick.

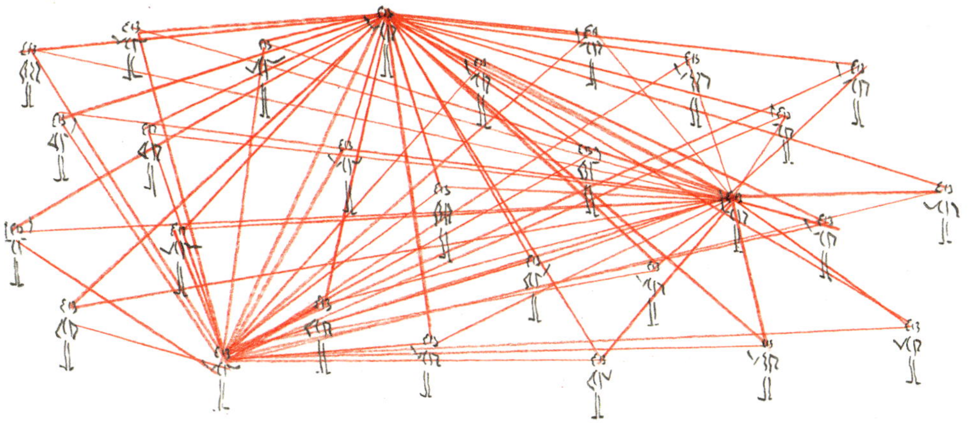

eingezeichnet, ebenso wurde in der Darstellung auf Pfeile (Gleichzeitigkeit der Äußerung beider Kommunikationspartner) verzichtet. Man sieht also nur einen kleinen Anteil der 378 Kommunikationsachsen. Um ein Gefühl für die Größenordnung zu bekommen: Wenn jeder in der Klasse mit jedem sprechen soll, ohne dass gleichzeitig gesprochen wird, beträgt in einer Schulstunde die durchschnittliche Gesprächszeit nur 3,6 Sekunden[2] (!), zumindest wenn alle drankommen wollen. Auf nonverbaler Ebene geschieht das annähernd zeitgleich. Wenn sich beispielsweise von den 28 Schülern 13 melden, dann sieht jeder im Raum, wer sich meldet und wer sich nicht meldet. Wohlgemerkt „jeder im Raum", d. h. nicht nur der Lehrer, sondern auch alle Mitschüler. Damit verändert sich das soziale Miteinander grundlegend, da es das gesamte soziale System (hier die Schulklasse) bzw. deren Kommunikationen sichtbar macht und dadurch verändert. Nonverbale Kommunikationssysteme sind weit mehr als „eine" nonverbale Äußerung. Es ist ein systemischer Ansatz, da stets das gesamte System involviert ist. Vergleiche die folgenden Abschnitte, insbesondere die „Rettung der eigenen Entscheidung" und den „Gruppendruck".

systemischer Ansatz

2 Insgesamt gibt es 378 Kommunikationsachsen, die in beiden Richtungen besprochen werden können. Das ergibt 756 Äußerungen. Diese sollen innerhalb einer Schulstunde (45 Minuten) geschehen. Dieses Rechenbeispiel zeigt, dass die Idee „einer nach dem anderen" sich nicht konsequent umsetzen lässt. Unterrichtliche Kommunikation muss gruppendynamisch gedacht werden, damit Unterricht einen Sinn ergibt.

1.2 Nonverbale Feedbackschleifen – Mimik einer Klasse

Wie soll der Lehrer wissen, wie seine Äußerung bei den Schülern ankommt? In einem persönlichen Gespräch erhält der Sprecher ständig und unmittelbar (am Gesichtsausdruck seines Zuhörers) eine Rückmeldung über dessen Verwirrungszustand. Wenn Ihr Gegenüber die Augen verdreht, dann wissen Sie, dass etwas unklar ist und Sie werden versuchen, sich anders mitzuteilen, als wenn der Empfänger verstehend nickt. Aber wie ist es, wenn der Empfänger eine Schulklasse ist? Hat eine Gruppe auch so etwas wie ein „Gesicht" oder eine „Mimik"? Die Antwort ist ja, doch bevor diese Frage ausführlich beantwortet wird, noch ein allgemeinerer Blick auf Kommunikation: Für das gesprochene (symbolische) Wort sind die (enaktive) Mimik, der Klang der Stimme und der gesamte Kontext der Äußerung entscheidend. Ohne diese „Umwelt des Wortes" gehen der Bezug und die Deutungsklarheit weitgehend verloren. Das ist ein Grund, warum persönliche Gespräche eine so hohe Bedeutung besitzen. Am Telefon fehlt dem Sender die optische Rückkopplung (Mimik und Gestik), in einer E-Mail gehen weiter der Klang der Stimme, Intonation und Artikulation und die Pausen verloren. Während am Telefon das Gespräch in Echtzeit verläuft, weiß der Empfänger nicht, wie lange der Sender gebraucht hat, um einen Abschnitt zu verfassen. Ein handgeschriebener Brief speichert im Vergleich zum E-Brief mehr Informationen über das Schrift*bild*, da sich am Bild der Schrift erahnen lässt, ob radiert oder durchgestrichen wurde, oder ob mit Zeit oder in Hektik geschrieben wurde.

„Umwelt des Wortes"

Rückmeldungen in Echtzeit – nonverbale Resonanz

Über den Gesichtsausdruck des Empfängers erhält der Sender fortlaufend Informationen, „ohne" dass das Gespräch ins Stocken gerät. Das ist möglich, weil ein verbaler „und" ein nonverbaler Kommunikationskanal zur Verfügung stehen. Anders formuliert: Sprecher und Hörer sind in nonverbaler Resonanz, der Sender erhält somit ein nonverbales Feedback zu seiner Äußerung auf einem gesonderten Kanal. Interessant ist, dass das nonverbal Sichtbare nicht „gesehen" wird, dagegen wird dem offensichtlich Unsichtbaren (dem gesprochenen Wort) die wesentliche Bedeutung zugeschrieben. Wir sprechen darüber, „was" gesagt wurde, aber selten „wie" es gesagt wurde – auch wenn wir wissen, dass „der Ton die Musik macht". In einer Visualisierung wird das deutlich. Im Augenblick (Skizze links) äußert sich der Sender.

nonverbale Resonanz

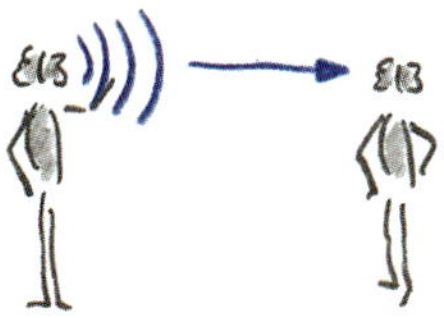

Jedoch ist die Darstellung nicht vollständig. Auf nonverbaler Ebene „spricht" „gleichzeitig" der Empfänger auf einem anderen Kanal.

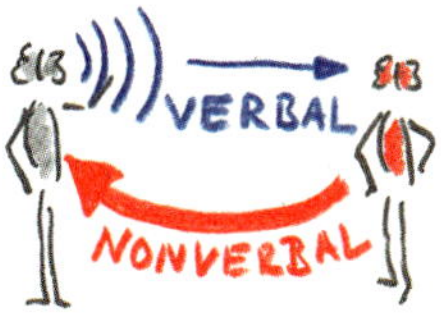

Da der Sender sich gleichzeitig verbal und nonverbal äußert, fehlt noch dessen nonverbaler Anteil. Sender und Empfänger sind auf nonverbaler Ebene in Resonanz.

Die entsprechenden roten Pfeile wurden bewusst dicker gezeichnet, da in der Kommunikation das Nonverbale den Löwenanteil ausmacht. Für die Konstruktion des Empfängers sind in erster Linie die nonverbalen Anteile entscheidend.
Laut Albert Mehrabian wird die Wirkung beim Empfänger zu 7% durch den sprachlichen Inhalt, zu 38% durch stimmlichen Ausdruck und zu 55% durch Körpersprache bestimmt (7–38–55-Regel). Damit sind 93% der Information nonverbaler Natur (Mimik, Gestik, Artikulation, Geschwindigkeit, Pausen, Klang der Stimme, Aussehen des Sprechers ...). Schriftliche Texte streifen das Nonverbale ab, d.h. die verbleibenden 93% werden sozusagen zu 100% aufgeblasen. Das ist der Grund, warum in einer E-Mail das „Wesentliche" verloren geht, die Mitteilung wird auf das reduziert, was der Filter „Times New Roman" oder „Arial" durchlässt. Der Empfänger kann die fehlenden 93% hinzufügen. So lässt sich eine nach dem Lesen anschließende Äußerung verstehen: „So habe ich das nicht gemeint!"

Übungsvorschlag
Erster Teil: Bitten Sie Ihren Gesprächspartner, eine starre, neutrale Mimik aufzusetzen, noch besser ist eine Neutralmaske, die es für wenig Geld im Spielwarenladen aus Kunststoff zum Anmalen für Kinder gibt. Als dritte Möglichkeit können Sie sich voneinander abwenden und von Rücken zu Rücken kommunizieren.
Erzählen Sie in diesem Setting zwei Minuten lang etwas mit einem emotionalen Bezug, vielleicht vom letzten Kinobesuch, von den gerade gehörten Nachrichten, von einem Spaziergang oder von Ihrem Unterricht. Versuchen Sie anschließend, dasselbe noch einmal in ähnlicher Art und Weise zu erzählen. Durch die Irritation der Mimik verändert sich das Gespräch.
Die Konfiguration „Rücken zu Rücken" gleicht in etwa dem Telefonieren, da beide nicht über die Mimik interagieren können, bei der Maske wird nur der Gesichtsausdruck des Empfängers verdeckt.
Zweiter Teil: Noch ist der stimmliche Ausdruck vorhanden, dieser wird im Folgenden ebenfalls weggenommen. Die Übung geschieht zu dritt. Es gibt zwei Gesprächspartner A und B und einen Sprecher. Die Gesprächspartner kommunizieren nicht direkt miteinander, sondern stets über den Sprecher wie folgt: A flüstert dem Sprecher eine Nachricht für B zu. (Durch das Flüstern gehen weite Teile des stimmlichen Ausdrucks verloren.) Der Sprecher spricht dann das Gehörte laut aus. Anschließend antwortet B, indem dieser wiederum dem Sprecher etwas zuflüstert, was dieser wiederum laut äußert und so weiter.
Bemerkung: Die Übung berührt das Problem beim Synchronübersetzen, wo der Übersetzer den Sprachklang mitübersetzt. Hier tritt zusätzlich die Schwierigkeit der unterschiedlichen kulturellen Herkunft auf. Eine Geste, ein Tonfall kann z. B. in einer anderen kulturellen Umwelt eine Provokation bedeuten.

Handlung als Mimik der Klasse

Der nonverbale Gesichtsausdruck des Empfängers entspricht der nonverbalen Schülerhandlung im Unterricht. Der Unterricht (als unterrichtliche Kommunikation verstanden) kommt wie im persönlichen Gespräch nicht ins Stocken, auch wenn der Lehrer laufend (nonverbal) Rückmeldungen erhält. Was für das Gespräch die Mimik ist, ist für den Unterricht die Handlung.

Rückmeldungen in Echtzeit

Ein Beispiel: Sitzen die Schüler in Reih und Glied an ihren Plätzen, so ist der Informationsgehalt für den Lehrer weit geringer, als wenn er Schüler beim Handeln beobachtet. Dort sieht er unmittelbar und in Echtzeit, wie die Schüler untereinander und mit den Dingen umgehen. Durch das (enaktive) Handeln erhält der Lehrer stets nonverbale Rückmeldungen während des Unterrichts. Diese Rückmeldung ist vielfach differenzierter, als wenn die Schüler ein Aufgabenblatt (symbolisch bzw. formal) bearbeiten. Im Abstand von 10 Metern lässt sich mit einem Blick erfassen, wie weit die Schüler (mit ihrem Exponat) sind, das ist im Sitzen in Reih und Glied unmöglich. Nonverbalität macht Unterrichtsgeschehen in Echtzeit sichtbar.

1.3 Gebärdensprache und Aufstellungsarbeit

Körper und Umgebung – Zeichen und Ort

Die naheliegendste Möglichkeit einer nonverbalen Mitteilung geschieht durch den Körper und entspricht im weitesten Sinn der Gebärdensprache. Hier wird einer Gebärde, einer Geste oder einer Haltung eine Bedeutung zugeschrieben. Es ist eine direkte Art und Weise, wie etwas mitgeteilt werden kann. Auf dem Buchcover ist es das Heben einer Hand.

Die zweite Möglichkeit ist indirekt. Hier wird nicht der körperliche Ausdruck kodiert, sondern die Umgebung. Bestimmte Orte werden mit Aussagen belegt. Es spielt in diesem Setting daher keine Rolle, wie jemand dasteht, sondern wo jemand steht. Es geht dabei sowohl um absolute Orte als auch um relative Entfernungen zu bestimmten Standpunkten. So kann durch die Veränderung eines Ortes (z. B. der Umgang mit Material oder einer Geschwindigkeitsänderung) eine Äußerung getätigt werden.

Ortskodierung

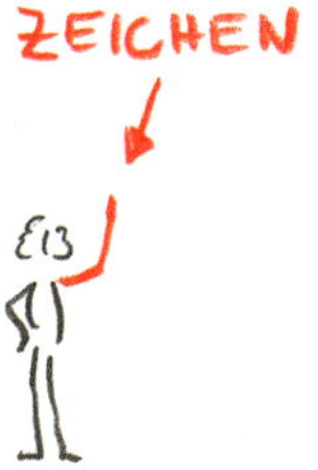

Die zweite Kommunikationsmöglichkeit ist die mächtigere, da sie alle im Raum zueinander in Beziehung setzt. Insbesondere werden die Äußerungen aufbereitet (vgl. den Absatz „Datenaufbereitung"). Die Skizze zeigt beide Systeme im Vergleich. Prinzipiell könnten beide miteinander gekoppelt werden, um auf zwei verschiedenen Ebenen (direkt durch den Körper und indirekt durch den Ort) Äußerungen zu ermöglichen. In der Praxis wird häufig nur ein System angewendet, die bewusste Dopplung wird in der Praxis meist zu komplex.

Keine Aufstellungsarbeit Beziehungsfragen!

Systemtherapie

Die Aufstellungsarbeit hat ihre Wurzeln in der Systemtherapie und dem Psychodrama. Hier werden Beziehungen räumlich sichtbar gemacht, etwa in Familienaufstellungen. Mittels Abstände lassen sich Nähe und Distanz darstellen, komplexe Themen können so „begreifbar" und bearbeitbar werden. Die Aufstellung lässt Unsichtbares sichtbar und konkret werden.

Unterschätzen Sie auf keinen Fall die Mächtigkeit von Aufstellungen! Bilder sagen mehr als tausend Worte. Aus diesem Grund sind Aufstellungen zu „Beziehungsfragen" in der Schule fehl am Platz. Etwa in dieser katastrophalen Art: „Wer mit Martin gut auskommt, der stellt sich bitte in dessen Nähe, wer mit ihm weniger gut kann, distanziert sich entsprechend." Aufstellungsarbeiten dieser Art gehören in einen psychologischen und nicht in einen didaktischen Rahmen!

Sachfragen

Ganz anders verhält es sich mit „Sachfragen". Die Aufgabe von Unterricht besteht ja gerade darin, Dinge begreifbar und anschaulich zu machen, sprich Verstehen zu ermöglichen. Daher ist Aufstellungsarbeit auf der Sachebene höchst förderlich und wer je damit Unterricht gestaltet hat, möchte nicht mehr darauf verzichten. Viele Techniken aus der systemischen Therapie lassen sich übertragen, aber der Fokus liegt auf der Sachebene, nicht auf der Beziehungsebene.

Beziehung zur Sache

Schulz von Thun

Nach Friedemann Schulz von Thun gibt es vier Ebenen der Kommunikation: Eine Sachebene, eine Beziehungsebene, eine Appellebene und eine Ebene der Selbstkundgabe. Der Fokus, das Thema, liegt in der didaktischen Anwendung auf der Sachebene, dennoch existiert stets auch der Beziehungsaspekt (Wie stehe ich zu der Sache? Was hat das mit mir zu tun?). Aufstellungsarbeit verbindet beides, indem der Einzelne auf dem Boden des Wissensgebietes seine Beziehung zur Sache aufzeigt bzw. verortet. Das ist etwas völlig anderes, als wenn das Thema selbst eine Beziehungsfrage ist (siehe oben). In den Skizzen

im Buch werden die Wissensgebiete (z. B. Skalen, Achsenkreuze und Spielfelder) entsprechend der Farbe für Sachbotschaften im Nachrichtenquadrat (Schulz von Thun) blau skizziert.
Das Gebiet, indem sich die Aufstellung befindet, ist ein Wissensgebiet. Der sachliche „Stoff" ist das Medium, um miteinander in Beziehung zu treten, das ist die hier verfolgte Idee von „Beziehungsarbeit" im Unterricht.

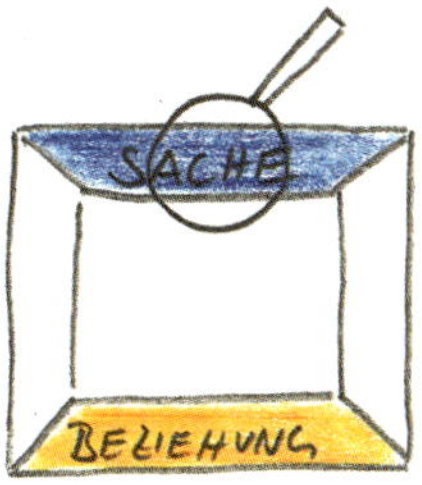

Um es ganz deutlich zu sagen: Bitte keine Hobbypsychologen im Klassenzimmer. Unterricht, Fort- und Weiterbildungen sind keine Therapiesitzungen. Es geht hier nicht um die Analyse eines Einzelnen, sondern um die Analyse der Wahrnehmung zu einem bestimmten Sachthema.

Datenaufbereitung
Aufstellungsarbeiten enthalten in natürlicher Weise eine Datenaufbereitung. Wenn Sie beispielsweise eine Schulklasse fragen, wie ausgeschlafen sich der Einzelne fühlt, so könnte sich natürlich jeder der Reihe nach verbal äußern. Aber das wäre erstens langatmig und zweitens wäre das Gesamtbild nicht mit einem Blick erfassbar.

Zwar ließe sich die Langatmigkeit mittels nonverbalem Anzeigen mit den Fingern vermeiden (1 Finger steht für „ich kann mich nur minimal konzentrieren“, 10 Finger stehen für „ich fühle mich topfit“). Wenn hingegen eine Aufstellung entlang einer räumlichen Skalierung erfolgt, erfasst jeder im Raum mit einem Blick, wo der Schwerpunkt liegt, wie die „Daten“ verteilt sind. Man beachte, dass nach wie vor die Äußerungen adressiert sind, d. h. der Sender ist klar ersichtlich. Zusätzlich weiß man, wer sich mit wem „häuft“ (vgl. die „Adressierung“ im folgenden Abschnitt). In beiden Skizzen handelt es sich um dieselben Daten, nur im unteren Bild sind sie aufbereitet.

1.4 Selbstkundgabe in der Aufstellung

Ein nebulöser Standpunkt, der irgendwo und vielleicht in eine bestimmte Richtung gehen könnte, lässt sich nicht einnehmen. Werden die Orte mit Aussagen belegt, dann trifft man durch seinen „Standpunkt“ eine Aussage. Man wird zur Klarheit gezwungen. Der individuelle Ort ist in Anlehnung an Schulz von Thun in grüner Farbe (für die Selbstkundgabe) markiert.

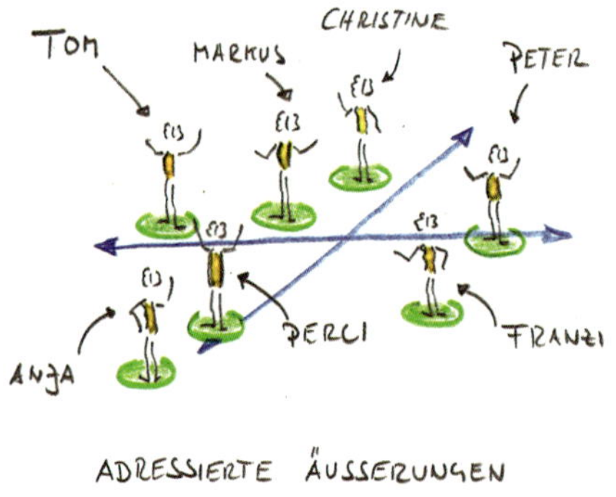

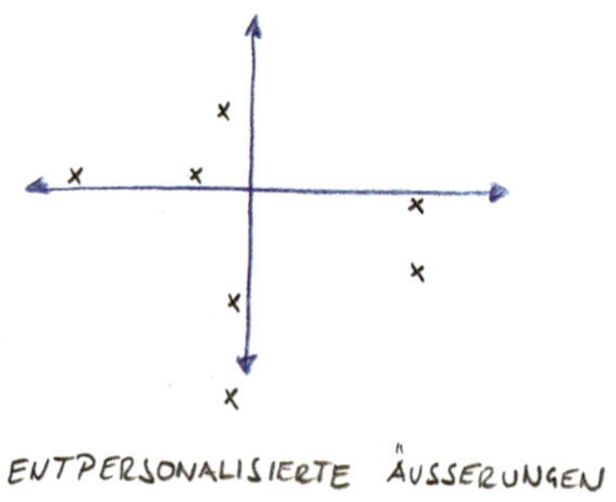

Adressierung jeder Äußerung

Bei einer Aufstellung ist automatisch die Äußerung adressiert, d. h. man weiß von „jedem" im Raum den Standpunkt. Jeder erkennt die Verteilung und jeder erkennt, wie weit er mit seinem Standpunkt von Person XY entfernt ist. Darin liegt die Mächtigkeit von Aufstellungen. Die Meinungen werden unmittelbar im Raum „sortiert", „gleich und gleich gesellt sich" (vgl. „Datenaufbereitung" im letzten Abschnitt). Selbst wenn jeder in der Klasse seinen Standpunkt erklären würde, wären die Standpunkte (abgesehen davon, dass es lange dauern würde) weder mit einem Blick offensichtlich, noch würden sie so deutlich im Raum „stehen". Wenn jeder in der Klasse ein Kreuzchen an der Tafel machen würde, wäre die darin enthaltende Information, verglichen mit der Aufstellung, nur ein kleiner Bruchteil.

Zwei Seiten der Selbstkundgabe

Die Selbstkundgabe einer Nachricht birgt in sich zwei Seiten: Einerseits freut man sich, wenn man sein tolles Kunstwerk jemanden zeigen kann. („Schau mal, was ich alles kann!") Man zeigt auf der Bühne Dinge, die andere sehen sollen. Auf der anderen Seite gibt es Dinge, die andere nicht sehen sollen. Jeder kennt die Angst vor einer Bloßstellung. Der Lehrer ruft Christa auf, alle Augen schauen auf Christa, die rot anläuft und stammelt, dass sie keine Antwort weiß.

Bloßstellung

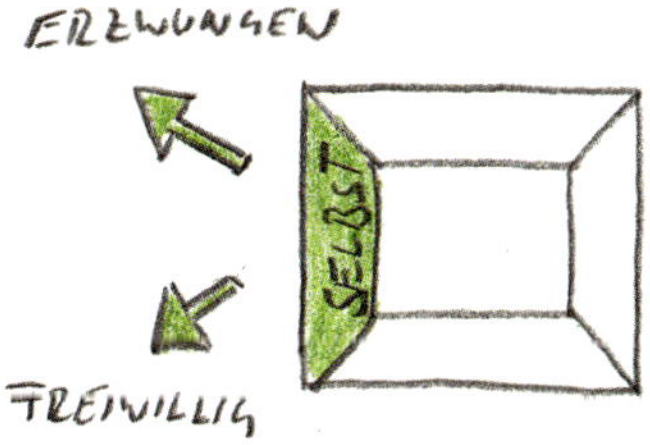

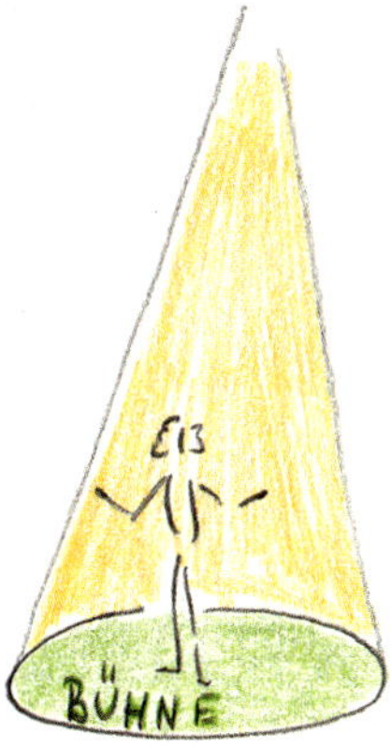

Die „Bühne" bzw. die Bühnenwirkung ist ein sehr starkes Instrument: Ein Zwang zur Selbstkundgabe kann ebenso beschämend wie schmeichelnd sein. Das „Licht" (gelbe Farbe) ist eng verknüpft mit der gelben Beziehungsseite („Was denken wohl die anderen von mir? Finden die das gut, was ich mache?").

„Zerstörung" der Bühne

Eine Bühne entsteht nicht durch Bretter, sondern dadurch, dass die Aufmerksamkeit der Zuschauer gebündelt wird. Es ist ein soziales Phänomen: Je weniger agieren, desto mehr Zuschauer gibt es und desto stärker ist die Bühnenwirkung. Werden alle Zuschauer auf die Bühne

Fokus

geholt, gibt es keinen Fokus mehr. Bei nonverbalen Kommunikationssystemen ist die Bühne in der Regel so groß, dass diese nicht mehr als solche wahrgenommen wird und somit „zerstört" ist.

Gleichzeitiges Abfragen ohne Bloßstellung

Mit der „Zerstörung" der Bühne kann der Lehrer alle Schüler gleichzeitig abfragen, ohne dass jemand bloßgestellt wird. Man vergleiche hierzu das klassische Abfragen: Der Lehrer ruft Christa auf, damit ist der Fokus auf sie gerichtet und alle Augen schauen auf sie.

alle Schüler

Für das Abfragen braucht es keine Bühne. Mittels nonverbaler Kommunikation kann der Lehrer von „allen" Schülern gleichzeitig eine Antwort erhalten, etwa durch das Anzeigen einer bestimmten Fingerzahl. Damit stehen alle auf der Bühne, alle werden abgefragt und keiner ist in Gefahr, bloßgestellt zu werden. Die Bühnensituation kann vollständig aufgehoben werden, wenn die Schüler zusätzlich die Augen schließen (vgl. „Aus- und Anschalten sozialer Systeme" im folgendem Abschnitt).

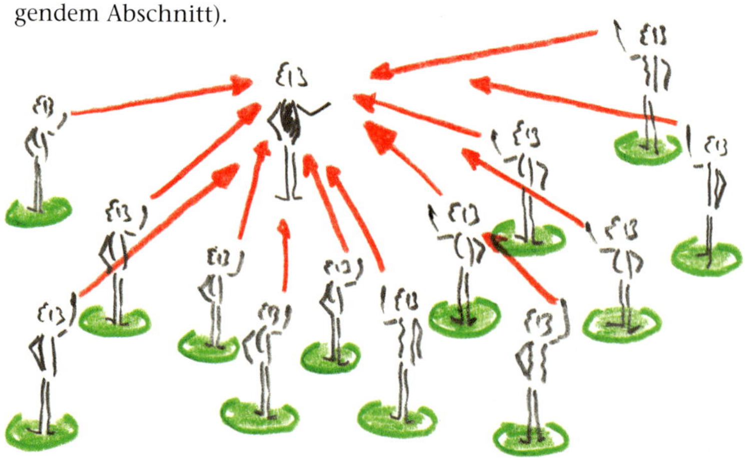

Es geht nicht nur um die Effektivität (alle Schüler werden geprüft), sondern auch um die Qualität der Antwort. Wer im Rampenlicht steht und antworten soll, was 17 mal 18 ergibt, der unterliegt einem Stresstest. Es ist ein gewaltiger Unterschied, ob man vor 30 Leuten etwas vorsingt oder allein unter der Dusche!

1.5 „Aus- und Anschalten“ sozialer Systeme

Wer etwas nicht hören will, der hält sich die Ohren zu oder legt den Hörer auf. Er unterbricht den akustischen Kanal. Wenn ein Gehörloser etwas nicht empfangen möchte, dann schließt er die Augen oder schaut weg. Damit ist der visuelle Kanal unterbrochen. Ein Beispiel zeigt die Übung „Winkelweiten“ in Abschnitt 2.5.3.

Für ein Gespräch zwischen zwei Menschen ist die Wirkung dieselbe. Jedoch ergeben sich für Gruppen neue Möglichkeiten und Wirkungen durch eine bewusste Unterbrechung des Kommunikationskanals. Wenn Sie eine Klasse abfragen und diese sich nonverbal äußern, macht es einen erheblichen Unterschied, ob das mit geschlossenen oder offenen Augen geschieht. Sind die Augen offen, so ist für jeden sichtbar, wer was wie schnell äußert. Jetzt ist das Beziehungsgeflecht sichtbar. Uns Menschen ist es sehr wichtig, wie wir auf andere wirken. Vertreten alle eine Meinung, so fällt es schwer, sich anders zu positionieren oder eine andere Ansicht zu vertreten.

Soziale Systeme bestehen aus Kommunikationen. Werden die Kommunikationskanäle geschlossen, so verschwindet mit einem Augenschlag das System. Es kann jetzt niemand mehr bloßgestellt werden, da „Bloßstellung“ nur innerhalb eines sozialen Systems funktioniert. Selbst wenn einer schummelt und heimlich jemanden beobachtet, kann er diesen schwerlich bloßstellen. Erstens, weil es sonst niemand gesehen hat, und zweitens weil er zugeben muss, dass er geschummelt hat.

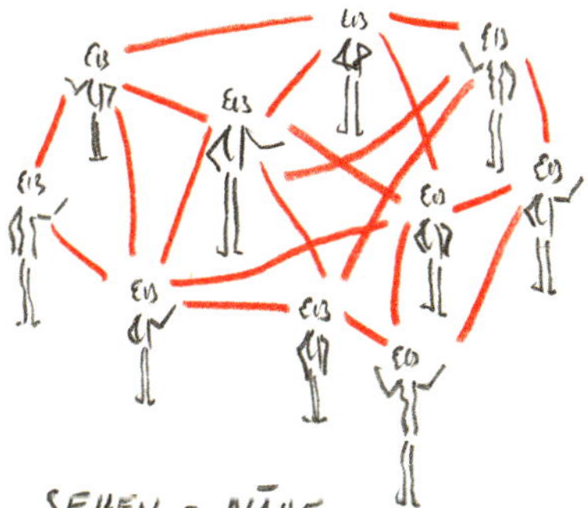

SEHEN = NÄHE

BLIND = DISTANZ

Das gemeinsame Schließen der Augen schützt den Einzelnen. Jeder Schüler wird quasi ohne Beisein der anderen abgefragt und weiß gleichzeitig, dass er nicht der Einzige ist. Der Lehrer hat eine unmittelbare Rückmeldung darüber, wer etwas weiß. Es ist so, als würde jeder Schüler für sich eine Antwort niederschreiben und hinterher dem

Auswertung

Lehrer abgeben. Allerdings ist mittels der Körpersprache die Auswertung ohne Aufwand sofort ersichtlich. Ein schweifender Blick des Lehrers genügt und er sieht beispielsweise alle angezeigten Finger.

Bewusstes Hinschauen

Das „Anschalten“, das „Sehen = Nähe“ gilt, geschieht nicht von selbst. Wenn der Leiter möchte, dass wirklich jeder jeden wahrnimmt, so muss er in aller Regel die Aufmerksamkeit darauf lenken, etwa mit der Bemerkung: „Schaut euch um. Es ist interessant zu sehen, wer die Sache wie einschätzt.“

Gesehen werden

Jedem ist klar, dass er gesehen wird und mit dem Gesehen-Werden, kommen Bedeutsamkeit und Verantwortlichkeit mit ins Spiel. Es ist nicht mehr beliebig, wie ich mich äußere, ich werde gesehen. Im Anschluss kann der Lehrer einen Durchschnitt der Schätzungen abschätzen. Das erhöht weiter die Bedeutsamkeit.

Wichtig ist: Bewusstes Hinschauen geschieht nicht einfach so. Der Leiter muss Raum dafür geben. 10 Sekunden Stille helfen ungemein.

Bemerkung

In der Praxis gelingt das Aus- und Anschalten des sozialen Systems nur bei der Gebärdensprache, der direkten verbalen Kommunikation, also dem Anzeigen über den Körper. Der indirekte Weg, also der Äußerung über den Ort, gelingt hier nicht: Wer blind ist, findet sich schwer zurecht.

Nähe und Distanz

Das „An- und Ausschalten“ des sozialen Systems entspricht der Umsetzungen zweier Grundstrebungen[3] des Menschen, dem Nähe- und dem Distanzstreben. Sehend agiert die ganze Gruppe (Nähestreben), blind steht jeder für sich allein (Distanzstreben).

Mitunter glückt es, in Lernumgebungen beide entgegengesetzten Strebungen nicht nacheinander, sondern innerhalb einer Übung umzusetzen. Im Beispiel „Winkelweiten“ in Abschnitt 2.5.3 zeigt zuerst je-

3 Vgl. die vier Grundstrebungen im Riemann-Thomann-Modell: Jeder Mensch strebt nach Dauer, nach Wechsel, nach Nähe und nach Distanz.

der Schüler für sich bzw. blind Winkelweiten an, die dann gemeinschaftlich sehend überprüft werden.

1.6 Die freie Entscheidung

Basis für Diskussionen

Wer sich nicht festlegt, wer sich nicht entscheidet, der kann sich nicht überraschen oder verwundern lassen. Um etwas entscheiden zu können, brauche ich die Freiheit und die Möglichkeit zur Entscheidung. Eine eigene, unvoreingenommene, freie Entscheidung zu treffen, unabhängig von anderen, gibt es nur ein einziges Mal. Daher ist der erste Moment, die erste Begegnung, etwas Einzigartiges und Unwiederbringliches. Es gibt nur ein einziges Mal ein erstes Mal – dieses lässt sich nicht wiederholen.

erster Moment

Für eine Diskussion ist es grundlegend, dass jeder im Vorfeld seinen eigenen Standpunkt gefunden hat. Wer seine Position nicht kennt, der wird von seinem Umfeld mitgeschleppt und steht in der Regel da, wo die anderen stehen. Eine echte Diskussion, eine „Erörterung", ein Erkenntnisgewinn sind dann nicht möglich. Das gilt sowohl für das System Gruppe, als auch für den Einzelnen, für den die eingenommene Position keine Bedeutung hat. Er könnte überall stehen, daher würde ein Wechsel oder eine Verteidigung der Position keine Bedeutung besitzen und auch zu keiner neuen Erkenntnis führen.

Framing

Ist nur eine einzige Äußerung getätigt (egal, ob nonverbal oder verbal), kann sich der Einzelne nicht mehr frei entscheiden, die Information erschafft eine Strukturierung und wirkt als Bezugsrahmen. In der Psychologie wird das Setzen eines Bezugsrahmens mit „Framing" bezeichnet. Der gesetzte „Anker" wirkt als Irritation, und wer ihn wahrgenommen hat, der wird von ihm beeinflusst.

Bezugsrahmen

Sie kennen das Phänomen aus dem Marketing. Ein Produkt kostet nicht 30 Euro, sondern 29,95 Euro. Zum einen geht es darum, dass die erste Ziffer keine neue Zehnerpotenz eröffnet, gestaltpsychologisch erinnert der Preis jetzt noch an 20 Euro. (Aus diesem Grund wird der Preis nach unten abgesenkt und nicht um 5 Cent erhöht.) Aber es gibt noch einen zweiten sehr wichtigen Grund: Wenn Sie 29,95 Euro lesen, dann denken Sie sehr wahrscheinlich in Cents und nicht in Scheinen. Der Betrag 29,95 Euro wirkt so als „Frame".

Framing bei Aufstellungsarbeiten

Bei Aufstellungsarbeiten im Unterricht sind das Framing und dessen Vermeidung von hoher Bedeutung. Fragen Sie zum Beispiel, wie weit der nächste Stern entfernt ist, so können Sie sich nicht mehr ganz frei entscheiden, wenn jemand „zwei Millionen Lichtjahre" eingeworfen hat (vgl. Abschnitt 3.3.2 eine entsprechende Aufstellung). Durch den Einwurf ist eine Grenze markiert, man kann jetzt nicht mehr frei entscheiden, jetzt muss man sich in die gegebene Struktur in „drüber", „gleich" oder „drunter" einordnen. Der „Anker" wirkt als Manipulation. Wir Menschen sind von unserer sozialen Umwelt abhängig und haben meist das Bedürfnis, uns bewusst oder unbewusst anzupassen. Wenn Sie hören, dass ein Physiker „zwei Millionen Lichtjahre" äußert, würden Sie vielleicht in „Lichtjahren" denken, ohne dass Ihnen bewusst ist, dass Sie, ohne darüber nachzudenken, die Einheit übernommen haben. Dabei hätte es andere Formen der Darstellungen gegeben (z. B. 1000 Mal von der Erde zur Sonne oder fünf Milliarden Kilometer). Aber es geht nicht nur um die übernommene Denkstruktur, hier das Denken in einer unbewusst vorgegebenen Einheit. Es wird auch schwierig, sich von der im Raum stehenden Aussage zu distanzieren. Wer würde jetzt noch, nach dem 2 Millionen Lichtjahre im Raum stehen, nur noch 0,4 Lichtjahre angeben?

Übungsvorschlag:

Sie können sich von der Wirkungsweise eines „Frames" leicht überzeugen. Fragen Sie einen Kollegen, ob ein Linienflugzeug mehr oder weniger als 5000 Liter Treibstoff für einen vollen Tank benötigt. Anschließend soll der Befragte einen konkreten Schätzwert angeben. Dann stellen Sie einem anderen die gleiche Frage, nur mit 500 000 Liter. Sie werden andere Schätzwerte erhalten.

Ein Beispiel für Manipulation durch den Lehrer

„Wie viele Erdmassen braucht es, um die Masse der Sonne zu erreichen? Sind es so viele, wie es Schüler in unserer Klasse gibt? Oder müsste man die Parallelklasse mit hinzunehmen? Wer für sich eine Antwort gefunden hat, verschränkt zum Zeichen die Arme."

„Anker"

Der „Anker" (ein oder zwei Klassenstärken, also ca. 30 oder 60, ist geworfen. Der Schätzer wird sich daran orientieren (müssen). Eine freie Entscheidung ist jetzt schwerlich möglich. Die Schätzer werden jetzt eher in der Größenordnung von Klassenstärken denken und selbst wenn es einem viel zu wenig erscheint, wird es schwierig, die Einwohnerzahl von Karlsruhe (ca. 300 000) in Betracht zu ziehen. Der „Anker" (in Klassenstärken zu denken) kann vom Lehrer bewusst gesetzt werden, um einen Überraschungsmoment wahrscheinlich werden zu lassen.

Rettung der eigenen Entscheidung
Wenige Sekunden genügen, um die eigene Entscheidung zu retten: Man wartet solange, bis jeder sich (für sich) entschieden hat und diskutiert dann die Sache aus. Im Folgenden sind verschiedene Möglichkeiten aufgeführt, um die eigene Entscheidung vor Manipulation und Fremdeinmischung zu retten. Welche Technik passt, hängt von der jeweiligen Situation ab:

Über die Körperhaltung
„Wer sich entschieden hat, verschränkt zum Zeichen die Arme. Es geht weiter, wenn alle Arme verschränkt sind."
„Wer sich entschieden hat, setzt sich. Es geht weiter, wenn alle so weit sind."
„Wer sich entschieden hat, lehnt sich bitte demonstrativ zurück. Es geht weiter, wenn alle entspannt und angelehnt sind."

Über einen Ortswechsel
„Wer so weit ist, kommt schweigend nach vorn."
Man kann weiter einen Ort und eine Form benennen, an dem der Unterricht weitergehen soll, beispielsweise: „Wer sich entschieden hat, geht schweigend nach draußen. Wir treffen uns im Pausenhof in einem exakten Kreis. Es wird nicht gesprochen." Hier sollte der Lehrer zuerst draußen sein, damit wird ein schweigender und exakter Kreis viel wahrscheinlicher. Aus einem „geschwätzigen Haufen" einen Kreis zu machen, ist wesentlich schwieriger, als wenn gleich zu Beginn auf Stille und Exaktheit geachtet wird. Wenn die ersten schweigend warten, ist die Stille bereits „stabil" und wird durch die einzeln Hinzukommenden wenig gefährdet.

Über das Material
„Wer bereit ist, legt den Stift aus der Hand."

Über den Bewegungszustand
„Wer sich entschieden hat, friert ein. Wer noch Zeit zum Nachdenken braucht, geht schweigend weiter. Wenn alles im Raum eingefroren ist, geht es weiter. Wer noch nie erlebt hat, dass ca. 30 Personen in einem Raum regungslos verharren, mag die Wirkung der Ästhetik genießen." (Vergleiche auch den Abschnitt über Äußerung durch Bewegung.)

1.7 Was ist Lernen? – ein konstruktivistischer Exkurs

Differenz

Lernen bedeutet, einen Unterschied zu machen, der zuvor nicht da war. Somit erschafft Denken immer Differenz, es trennt, es spaltet, was zuvor eins war. Damit ist Wissenschaft eine Disziplin, die neues Wissen (er-)schafft – durch Unterscheidungen.[4]
Anders formuliert: Die kleinste Einheit des Denkens ist die Zweiheit. So existiert Schwerkraft erst durch die Schwerelosigkeit, und umgekehrt die Schwerelosigkeit erst durch die Schwerkraft. Man bekommt Wissen (Unterscheidungen) immer nur im „Doppelpack". Natürlich sind die Dinge schon vor Newton auch auf die Erde gefallen, aber davor gab es in den Gehirnen der Menschen noch keine Schwerkraft. Existiert Schwerelosigkeit auch dann, wenn niemand daran denkt? Es ist eine grundlegende Frage der Philosophie, wie das Bild, das wir von der Welt haben, entsteht. Es ist die Frage danach, wie man Realität konstruiert. Scheint der Mond, wenn keiner hinsieht?[5]

Unter-scheiden und ent-scheiden

Ein Beispiel zur Konstruktion von Wissen: Kommen die Personen auf dem Schild auf Sie zu oder laufen Sie von Ihnen weg?

Wahrscheinlich haben Sie das Schild schon tausendmal gesehen, aber vermutlich haben Sie noch nicht darüber nachgedacht (ähnlich wie die Menschen vor Newton nicht über Schwerkraft nachgedacht haben), da es bisher in Ihrem Leben noch keine Rolle gespielt hat. In Ihrer Wirklichkeit existiert das Thema bzw. die Frage noch gar nicht, auch wenn das Schild schon seit Jahren in Ihrer Straße zu sehen war. Ich kann diese Nicht-Existenz aus Ihrer Sicht schlecht zeichnen, weil nichts

4 Eine kritische Anmerkung: Wissenschaft basiert auf Differenzierung bzw. auf das Erzeugen von Unterschieden und das definiert gleichzeitig deren Grenze. Noch nie gab es so viele Daten in der Welt und stündlich werden es mehr. Es erscheint mir (als Mathematiker und Physiker) sehr wichtig zu betonen, dass Wissenschaft auf dem Prinzip der Differenzierung beruht und dass sie auch „nur" das kann. Wer eine Zwiebel Häutchen für Häutchen zerlegt, wird das Wesen einer Zwiebel nicht verstehen. Ein direkter Blick ins Schülergesicht ist ein anderer Zugang als evidenzbasierendes Handeln. Ein Begriff wie „Aufrichtigkeit" lässt sich mit Daten schwer oder gar nicht erfassen.

5 Albert Einstein und Nils Bohr diskutierten jahrelang über die Rolle des Beobachters in der Quantenmechanik. So soll Einstein zu Bohr gesagt haben: „Glauben Sie wirklich, dass der Mond nicht da ist, wenn keiner hinsieht?" Bohr soll geantwortet haben: „Beweisen Sie mir doch das Gegenteil!"

zum Zeichnen da ist. Daher blicke ich als außenstehender Beobachter in Ihren Kopf und sehe an der Stelle, wo es (für mich) um das Verkehrsschild geht, noch keine Struktur. Sie selbst können die Grenze Ihres eigenen Gedankenradius (den Kreis) ebenso wenig erkennen, wie ich den meinen.

Gedankenradius

Sie befinden sich gedanklich im Inneren und sehen keine Grenze. Als ich Ihnen die Frage gestellt habe, ob Sie die Personen auf sich zukommen sehen, oder ob diese von Ihnen weglaufen, entsteht eine Struktur, die es zuvor nicht gegeben hat. Eine Unterscheidung hat stattgefunden.

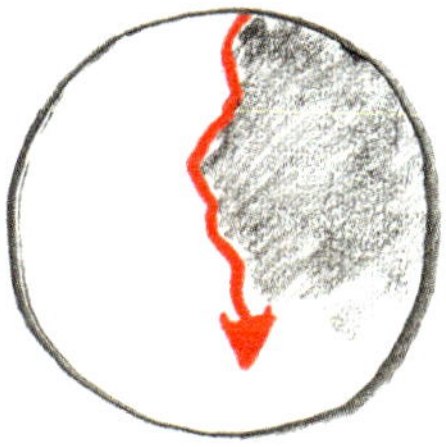

Und jetzt habe ich Sie ein kleines bisschen aus dem Paradies vertrieben, indem ich Sie in die Entscheidung gezwungen habe. Sie haben ein kleines bisschen vom Baum der Erkenntnis „genascht". Wo vorher noch Einheit war, gibt es jetzt einen Unterschied, aus Einheit ist Zweiheit geworden: Nie wieder werden Sie dieses Straßenschild „einfach so" ansehen können.

Erkenntnis

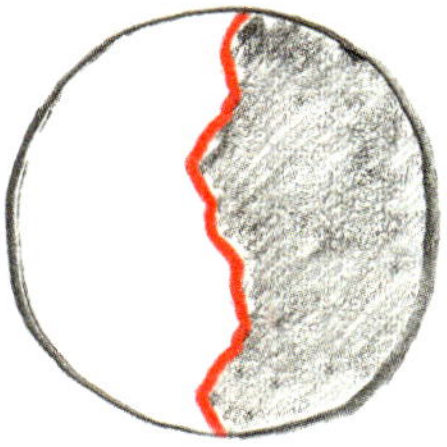

Wenn Sie die Sache mit dem Verkehrsschild für sich selbst entschieden haben, dann gab es keine direkte Manipulation von außen. Mit direkt ist gemeint, dass im Moment der Entscheidung keine Manipulation stattgefunden hat. Aber natürlich sind Sie ein geschichtliches Wesen und die ganze Vorerfahrung wirkt bei Ihrer Entscheidungsfindung mit (dieselbe Übung mit Marsmenschen bringt ganz andere Entscheidungsergebnisse).

Es wäre eine andere Entscheidung gewesen, wenn Sie im Raum mit zehn Personen gestanden wären und alle ihnen gesagt hätten, dass Mutter und Kind auf dem Straßenschild auf Sie zukommen, dann hätten Sie sich vielleicht anders entschieden. Die Auswirkung der Umwelt auf Entscheidungen (Konformität) wurde bereits 1951 in einem Experiment von dem amerikanischen Sozialpsychologen Solomon Asch gezeigt. Das Konformitätsexperiment[6] zeigt, dass Gruppenzwang eine Person so stark beeinflussen kann, dass eine offensichtlich falsche Aussage als richtig bewertet wird.

Konformität

1.8 Gruppendruck

Wer mit sozialen Systemen arbeitet, der kennt das Phänomen des Gruppendrucks. Das wundert nicht, da das Wesen eines systemischen Unterrichts ja genau mit Interaktionen innerhalb der Gruppe arbeitet und somit gruppendynamische Prozesse mit im Raum sind. Es geht nicht um deren Vermeidung, sondern um einen stimmigen Umgang.

Gruppendruck im Wertequadrat

Mit der Formulierung „es geht weiter, wenn alle soweit sind" wird sowohl die Möglichkeit zur eigenen Entscheidung gerettet als auch ein Gruppendruck erzeugt.

Gruppendruck wird häufig in seiner entwerteten Ausformung, im Sinne von Gruppenzwang, gesehen: Ein Gruppenmitglied wird gegen seinen Willen zum Mitmachen einer Sache gezwungen wird (Mutproben, Drogeneinnahme ...).

Trotzdem ist Gruppendruck per se nichts Schlechtes. Wir Menschen sind soziale Wesen und sind auf Kooperation hin ausgerichtet. Um in dieser Welt zu überleben brauchen wir einander. Wenn jeder nur nach seiner eigenen Laune, handelt, dann gibt es kein gemeinsames

6 Asch, S.: *Effects of group pressure upon the modification and distortion of judgment.* In: H. Guetzkow (ed.) Groups, leadership and men, 1951, Pittsburgh, PA: Carnegie Press

Essen, kein gemeinsames Spiel und kein Verständnis von Gemeinsamkeit. Selbstbestimmtheit wird dann zum blinden Egoismus.
Der Gruppendruck sorgt dafür, dass nicht zu lange gewartet wird. Der „Letzte" beugt sich mehr oder weniger dem Konformitätsdruck der Gruppe. Das kann je nach Situation erfreulich oder auch gefährlich sein. Möchte man beispielsweise gemeinsam mit dem Essen beginnen, dann darf der „Letzte" durchaus merken, dass er die ganze Gruppe warten lässt und man sich an gemeinsame Absprachen halten darf! Auf der anderen Seite kann es durchaus unpassend sein, wenn jemand aufgrund des Gruppendrucks am eigenen Nachdenken gehindert wird und so (blind) der Gruppe hinterherläuft.

gemeinsame Absprachen

Eine paradoxe Situation
Auf der einen Seite ist es sinnvoll, Distanz zu wahren und seine eigene Meinung zu behaupten, auf der anderen Seite ist es ebenfalls sinnvoll, einen eigenen Standpunkt zu vertreten.
Der mit „es geht weiter, wenn alle so weit sind" erzeugte Gruppendruck bewirkt, dass sich ein organisches Ende findet. Ansonsten müsste eine Zeit (z. B. vom Leiter) vorgegeben werden, etwa in dieser Art: „jeder hat in zwei Minuten eine Antwort" – aber dann würde sich jeder in der Gruppe einer äußeren „Macht" unterordnen, statt selbst zu entscheiden, ob es für ihn jetzt richtig ist, weiterzumachen oder mitzugehen. Es ist ein Spagat zwischen dem eigenen Wunsch nach Selbstbehauptung und dem Respekt vor der Gruppe.
Die paradoxe Situation kann in einem sogenannten Wertequadrat dargestellt werden. In der oberen Zeile befinden sich zwei Schwesternwerte, hier die „Selbstbestimmung" und die „positive Anpassung, Gruppendenken". Beide Werte können entwertet werden (untere Zeile): Reine Selbstbestimmung, ohne einen Funken von Gruppendenken, verkommt zum (blinden) Egoismus. Reines Gruppendenken, ohne einen Funken von Selbstbestimmung, verkommt zum Gruppenzwang und blindem Mitläufertum (siehe Grafik).

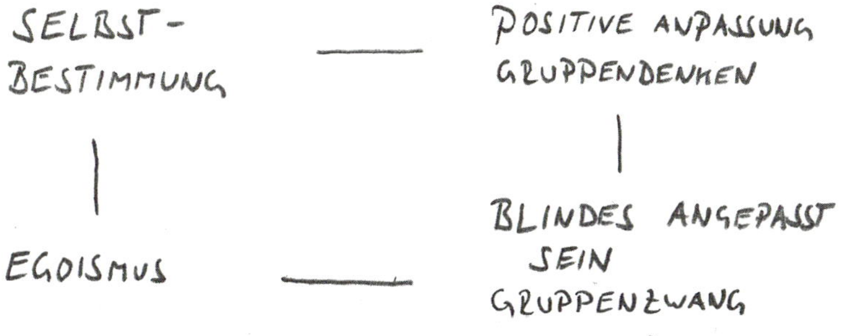

Gruppendruck bei Aufstellungsarbeiten

Bei Aufstellungsarbeiten kommt es vor, dass ein Einzelner einen Standpunkt jenseits der Masse einnimmt und somit ganz allein dasteht. Es ist mitunter sehr lehrreich, wenn man es schafft, allein seinen Standpunkt zu vertreten und es aushält, wenn die anderen anders denken. Aber es ist wichtig, dass dem Lehrer bewusst ist, dass jetzt ein einsamer Kämpfer allein auf einer Bühne steht und gegebenenfalls schützend eingreift.

Basiselement der Demokratie

Wertschätzung von Minderheiten ist eine erkenntnistheoretische Entscheidung und wichtig für demokratische Gesellschaften. Früher, in grauer Vorzeit, gingen wir mit Keulen aufeinander los und wer übrig blieb, hatte Recht. In der Demokratie ist die Sache mit dem „Recht" anders geworden. Recht hat die „Mehrheit" und nicht automatisch die, die am meisten Kraft oder die besseren Waffen haben. Die Macht liegt somit beim Volk.

Mehrheitsentscheidungen

Aber auch Mehrheitsentscheidungen sind nicht immer zielführend. Häufig liegt die Lösung von Problemen außerhalb der „Masse". Wenn das Haus brennt und der, der den Notausgang kennt, nicht gehört wird, und stattdessen blind eine Mehrheitsentscheidung getroffen wird, gehen vielleicht alle in die falsche Richtung. Vor die Mehrheitsentscheidung rückt die Diskussion, der Disput, der Austausch. Erst wenn alles offen daliegt, kann vernünftig entschieden werden. Das

Meinungsfreiheit

ist der Grund für Meinungsfreiheit, es ist ein Basiselement der Demokratie. Gerade in der aktuellen politischen Zeit erscheint es mir sehr wichtig, zu betonen, dass die Diskussion, der Austausch und das konstruktive Streiten die tragenden Säulen des Miteinanders sind. Demokratie basiert nicht auf einer Mehrheitsentscheidung, sondern auf einer „sehenden" Mehrheitsentscheidung. Wer sich nicht auskennt, wer einfach so „mitentscheidet", wer sich nicht mit dem Thema auseinandergesetzt hat, sondern einer Wahlwerbung vertraut – der handelt nicht in einem aufgeklärten Sinne demokratisch.

Die Gegenposition ermöglicht Entwicklung

Es ist nicht leicht, allein oder nur zu zweit in einer Ecke zu bleiben, während der Rest der Klasse sich quasi auf einen Standpunkt geeinigt hat. Es fallen Bemerkungen wie „Jetzt kommt endlich rüber, dann können wir weitermachen!" „Stellt euch doch nicht so an!". Auch wenn solche Kommentare nicht direkt geäußert werden, so liegen diese häufig nonverbal in der Luft.

Natürlich kann man so nicht miteinander umgehen. Das ist keine Art und Weise, mit Minderheiten umzugehen. Wir sind schließlich gut erzogen und halten auch Meinungen von „Ver-rückten" aus (bis dieser Ver-rückte es endlich eingesehen hat). Wir sind schließlich nett zueinander!

Minderheiten

Aber wir schützen nicht aus Nettigkeit Minderheiten. Entscheidend ist, dass nur durch eine weitere Position eine Entscheidung möglich wird. Ohne ein Gegenüber könnten wir nicht diskutieren und nicht um die Wahrheit ringen. Wir wären eins, aber blind. Um Unterschiede zu treffen, um diese zu schärfen, um zu argumentieren, brauchen wir die Minderheit. Ohne diese stehen wir dumm da, in einem Einheitsbrei der Konformität.[7]

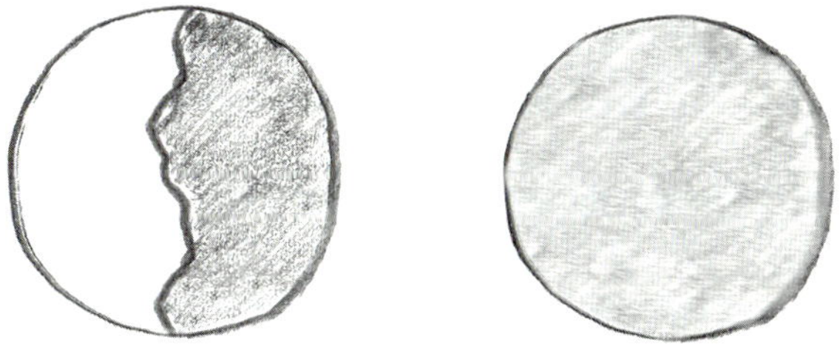

7 Es ist die Konfrontation und nicht der Mischmasch, der durch Erkennen des anderen einen Konsens ermöglicht. Das ist der Unterschied zum Kompromiss, wo jeder nur den gleichen Anteil erhält. Streiten sich zwei beispielsweise um eine Orange, so besteht der Kompromiss in der Halbierung (jeder bekommt etwas). Durch das Verstehen der anderen Meinung, der Hintergründe des Gegenübers, können kreative Lösungen gefunden werden (so braucht der eine für einen Kuchen die Schale und der andere den Saft).

Daher muss jede Demokratie unbequeme Gegenmeinungen nicht nur aushalten, sondern geeignet ausdiskutieren. Nur durch die Gegenposition entsteht Entwicklungsmöglichkeit (vgl. den Abschnitt über die freie Entscheidung). Es reicht nicht, wenn wir es „aushalten“, dass jemand eine andere Position einnimmt – für eine fruchtbare Diskussion müssen wir dankbar dafür sein, weil wir genau durch das Andere, durch das „Ver-rückte“, die Möglichkeit zur Erkenntnis erhalten. Es ist ein ganz altes Prinzip, dass man den Gegner schätzt, weil gerade er einem einen anderen Blick, eine neue Perspektive, eröffnet. Es ist eine Paradoxie, dass wir uns gerade durch die „Störung“ des Gegenübers entwickeln. Wer kindlich naiv ist, der zerstört seine Gegner, wer erwachsen ist, liebt sie.

Kapitel 2

Zeichensprache: Äußerungen über den Körper

Die einfachste und direkteste Möglichkeit einer nonverbalen Äußerung geschieht über den eigenen Körper durch Gebärden- bzw. Zeichensprache. Wie bei jeder Sprache, muss zuerst die Bedeutung der Zeichen geklärt werden, bevor Äußerungen stattfinden. In der Schule ist die bekannteste nonverbale Äußerung das Heben einer Hand. Es zeigt an, dass jemand eine Meldung machen möchte. Dieses Kapitel erweitert die nonverbale Zeichensprache.
Die nonverbalen Zeichenelemente werden stets mit einem Beispiel gegeben. Spielen Sie mit den Möglichkeiten. Vielleicht entwickeln Sie beim Lesen oder Unterrichten neue Ideen und Anwendungsmöglichkeiten.

2.1 *Ja–Nein-Äußerungen*

Mit „Ja–Nein-Äußerungen" werden im Folgenden zweiwertige Aussagen verstanden, also wo der Sender zwischen zwei (digitalen) Zuständen sich entscheidet. Im einfachsten Fall zwischen „Ja" und „Nein".

2.1.1 Pro und Kontra

„Wer möchte noch ein weiteres Beispiel? Bitte mit dem Daumen anzeigen."
„Wer stimmt dieser Aussage zu, wer glaubt nicht an die Richtigkeit?"

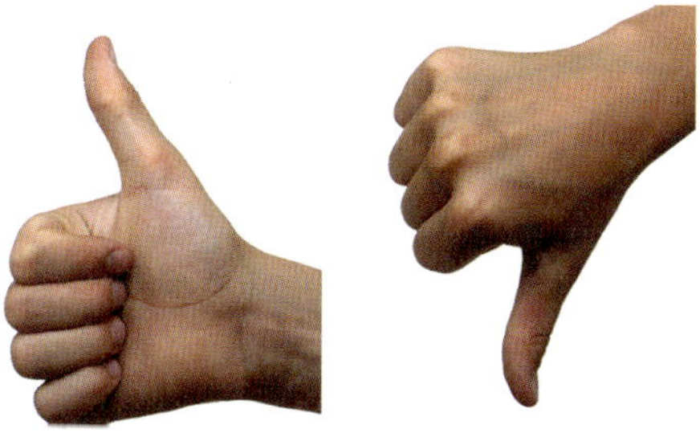

Mit dem Daumen wird die eigene Meinung angezeigt.

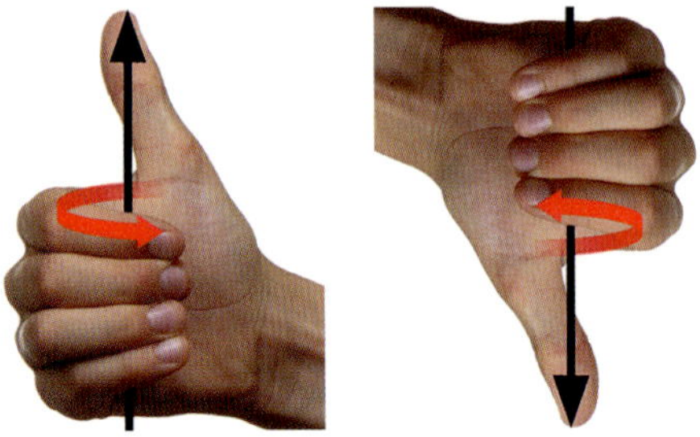

2.1.2 Drehsinn

„In welche Richtung dreht sich das Wasser im Abfluss?“
„In welche Richtung wird sich der Motor beim Anschalten drehen?“

Angezeigt wird die Drehachse mit dem Daumen der rechten Hand. Die anderen Finger deuten den Drehsinn an.

2.1.3 Ich habe mich entschieden

„Wer sich entschieden hat, verschränkt zum Zeichen die Arme. Es geht weiter, wenn alle Arme verschränkt sind.“

Mit dieser Anweisung wird sichergestellt, dass sich jeder ohne den Einfluss der anderen frei entscheiden kann (vgl. Abschnitt 1.7).
Weitere Beispiele:

- „Wie soll der Sozialraum unserer Schule künftig genutzt werden? – Wer für sich eine Antwort gefunden hat, verschränkt zum Zeichen die Arme.“
- „Welche Meinung habt ihr zu diesem Thema? – Wer für sich eine Position gefunden hat, verschränkt die Arme.“

Erst wenn alle Arme verschränkt sind, dürfen sich Freiwillige verbal „öffnen“. Mit dem Redebeitrag wird gleichzeitig symbolisch die Verschränkung der Arme geöffnet.

Bemerkung: Die nonverbale Äußerung sollte mit dem Nachrichteninhalt übereinstimmen (Arme öffnen = sich verbal öffnen), sodass das Nonverbale dem Verbalen entspricht. Ansonsten besteht die Gefahr von Inkongruenz (Verbale und nonverbale Botschaften widersprechen sich).

2.1.4 Aufstehen

„Wer das Beispiel so gut verstanden hat, dass er es einem anderen im Team erklären kann, steht bitte auf.“

Diese Technik kann sehr gut nach der ersten Begegnung mit einer Regel (Kommasetzung, englische Grammatik, Rechengesetze ...) angewendet werden. Wenn knapp die Hälfte steht, soll sich jeder der Stehenden einen Sitzenbleiber suchen, dem er die Sache erklären darf. Wer es verstanden hat, steht ebenfalls auf. In den vielen entstehenden Einzelgesprächen liegt der Fokus nicht auf den Sitzenbleibern, diese tauchen quasi in der Menge ab, was diese nicht auf die Bühne der Bloßstellung befördert.

Kommunikationspsychologische Bemerkung

Achtung: Es stehen diejenigen auf, die die Sache verstanden haben. Wer aufsteht, ist im Fokus bzw. steht auf der „Bühne". Als „Sitzenbleiber" hat man keine große Lust auf das Rampenlicht. Ein Beispiel: Häufig macht der Vortragende am Ende seiner Ausführungen das gutgemeinte Angebot: Wer etwas nicht verstanden hat, darf gern nachfragen. Wer sich jetzt meldet, der äußerst sich – bevor er einen Ton von sich gibt – bereits nonverbal mit dem Heben seiner Hand: „Schaut alle her: Hier bin ich, der, der es nicht kapiert hat!" Das ist ein Grund, warum bei Vorträgen am Ende wenig Fragen gestellt werden, und falls doch, sind diese häufig so kompliziert gestellt, dass keiner im Raum versteht, um was es geht. Durch die „fachlich-kompetente" Ausdrucksweise erzeugt der Fragende zumindest auf verbaler Ebene einen Ausgleich: Keiner im Raum soll denken, dass er Probleme mit dem Vorgetragenen hat. – Es braucht viel an Vertrauen, um vor einer Gruppe Verständnisschwierigkeiten zuzugeben. Ist die vertraute Atmosphäre im Raum noch nicht gewachsen, könnte der Lehrende alternativ danach fragen, wer die Sache verstanden hat. Da fällt es viel leichter, die Hand zu heben und die Antworten werden vermutlich etwas ehrlicher ausfallen.

Fokus

2.2 Mengenangaben

2.2.1 Zahlenwerte

„Was ergibt 1 + 1? Was ist die Quadratwurzel aus 9? Was ergibt der Zweierlogarithmus von 8?"

Mit den Fingern können einfach mengenmäßige Antworten gegeben werden. Das linke Foto zeigt die Antwort auf die erste Frage („2"), das rechte auf die zweite und dritte („3").

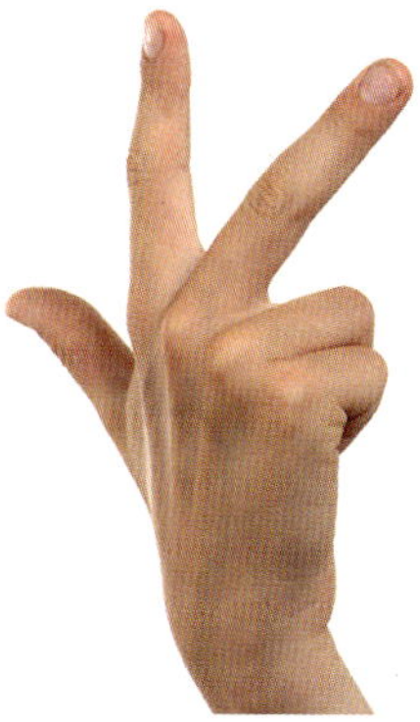

Weitere Beispiele:

- „Soll mit dem Thema Nummer eins, zwei oder drei begonnen werden?“
- „Wie bedeutsam ist dir das Thema: Kein Finger (die Faust) bedeutet ‚Das interessiert mich Null!‘, fünf Finger bedeuten ‚Das Thema ist für mich extrem relevant bzw. wichtig.‘“

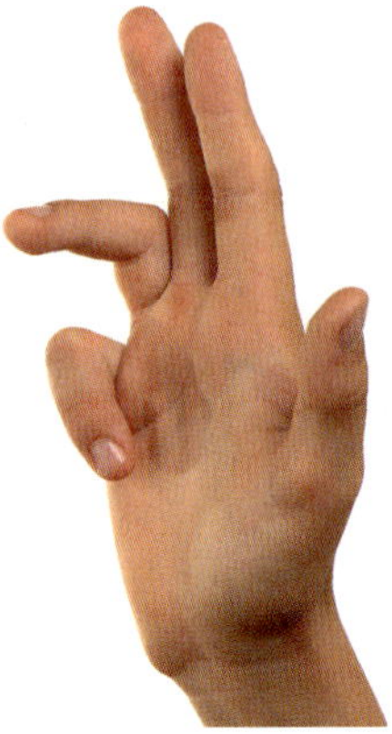

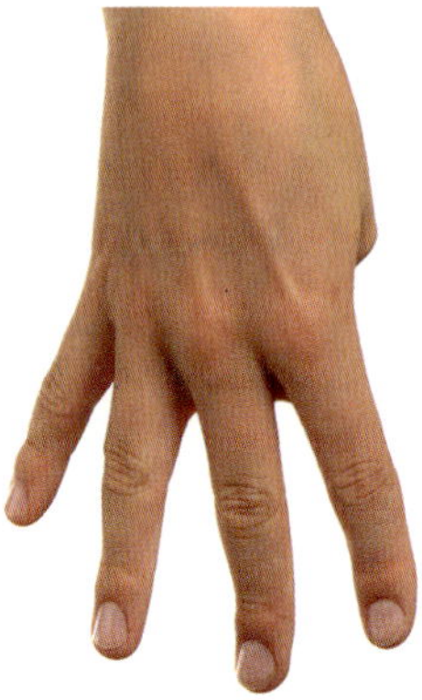

Es sind auch Kommazahlen und negative Zahlen möglich. Die Hand auf dem Foto links zeigt die Wurzel aus 13 an (ca. 3,5), die rechte „–4“.

Ihrer Kreativität sind keine Grenzen gesetzt. So lassen sich Koordinaten, *x*- und *y*-Werte von Funktionen oder zweistellige Zahlen im Fünfersystem anzeigen. Entscheidend ist, dass die Bedeutung der Äußerung (hier der Finger) zuvor geklärt wird.

2.2.2 Werte bis 20

„Schätzt ab, wie groß dieser Raum ist. Ein Finger steht für 10 m^2. Wer sich entschieden hat, verschränkt die Arme.“

Auf den ersten Blick kann mit Fingern bis 10 gezählt werden. Führt man ein, dass das „X“ Überkreuzen der Arme wie bei den römischen Zahlen eine Zehn darstellt, lässt sich bis 20 zählen. Der Junge auf dem Bild links zeigt die Zahl 17 an, auf dem Bild rechts 13.

Wem die Anzeigemöglichkeit nicht reicht, also mehr als 20 anzeigen möchte, beginnt mit den Fingern zu blinken (Hände werden auf und zu gemacht).

Ein Beispiel: Raum für Bewegungsfreiheit
Für manche Übungen wird freier Raum im Klassenzimmer benötigt. Die folgende Übung löst das Problem in Form einer gruppendynamischen Aufgabe typischerweise in 60 bis 90 Sekunden in akzeptabler Lautstärke. Man beachte, dass hier die Umstellung der Tische nicht als notwendiges Übel betrachtet wird, sondern als Übungsmöglichkeit für teamorientiertes Arbeiten.

teamorientiertes Arbeiten

Umsetzung
Der Lehrer zeichnet an der Tafel die gewünschte Sitzordnung: Alle Tische werden mit der Längsseite an die Wand geschoben, die Stühle, von der Mitte des Raumes aus gesehen, an die Tische. Die Schulsachen kommen in den Ranzen und dieser unter den Tisch auf einen Stuhl. Der Ort des Tageslichtprojektors und des Lehrerpults werden ebenfalls eingezeichnet. Wenn alles gestellt ist, treffen sich die Schüler mit dem Lehrer in einem exakten Kreis. Während der Verrückung darf nicht gesprochen werden, es wird nur nonverbal kommuniziert. Der Lehrer legt nicht mit Hand an.
Die Schüler sollen vor Beginn der Übung zunächst einschätzen, wie lange die Umstellung dauern wird. Hierzu hilft es, den Blick durch die Klasse schweifen zu lassen. Wer wird wie mitarbeiten? Wer nimmt die Übung ernst? Wer lässt eher andere für sich arbeiten? Durch diese Fragen wird der Blick auf jeden in der Klasse gelenkt. Es geht um gegenseitige Wahrnehmung, mit anderen Worten: Das System (Klasse) beobachtet sich selbst. Es ist keine Abfrage des Lehrers. Es geht darum, die Aufmerksamkeit auf die Mitschüler zu richten.
Wer mit seiner Schätzung fertig ist, verschränkt die Arme. Es geht weiter, wenn alle Arme verschränkt sind. Auf ein Zeichen des Lehrers zeigt jeder seinen Schätzwert an, dabei steht ein Finger für eine Minute. Wer mehr als zehn Minuten anzeigen möchte, kreuzt die Arme. Elf Minuten werden mit gekreuzten Armen und einem Finger angezeigt. Wieder sollen die Schüler sich gegenseitig wahrnehmen, wer zeigt wie viele Finger an? Meist ergeben sich im Schnitt Werte zwischen drei und fünf Minuten. Auf ein Startzeichen des Lehrers beginnt die Umstellung.

Der Lehrer nimmt die Zeit und die Schüler schätzen nach dem Umräumen erneut. Wieder werden die Arme verschränkt, diesmal steht ein Finger für 10 Sekunden. Typische Ergebnisse für Schulklassen liegen zwischen 60 und 90 Sekunden.

2.2.3 Buchstaben anzeigen

Die Bedeutung der Finger kann beliebig mit Aussagen belegt werden. So können die fünf Finger für die fünf Vokale A, E, I, O und U stehen. Links wird ein „A", rechts ein „I" angezeigt. Bewusst wurde das „I" durch drei Finger und nicht „nur" durch den Mittelfinger angezeigt. Diese Darstellung würde von den meisten Beobachtern nicht als ein „I" wahrgenommen.

2.2.4 Auswahlmöglichkeiten anzeigen

Die Anzahl der Finger kann für die Nummer einer Option stehen. Ein Beispiel: Sie berichten einen Fall und zeigen fünf verschiedene durchnummerierte Grafiken dazu. Die Hörerschaft soll sich für einen Fall entscheiden.

2.3 Skalen

Bisher stand die Äußerung im Vordergrund. Bei Ja–Nein-Äußerungen oder Zahlenwerten ist die jeweilige Rolle der Finger oder des Körpers klar, bei Skalen rückt die Umgebung mehr in den Vordergrund. Die Skalierung setzt einen Rahmen und so beeinflusst allein die Existenz einer Skala unser Denken. In der Psychologie wird dieser Rahmen bzw. dessen unbewusstes oder bewusstes Setzen „Framing" genannt.

2.3.1 Daumenskala

„Wie schwer war der Test?"

Interessanterweise ist in diesem Fall die nonverbale Darstellung häufig genauer als die verbale. So wird auf dem Bild links nach der Aussage „lief nicht so gut" mit dem Daumen nicht die totale Niederlage angezeigt.

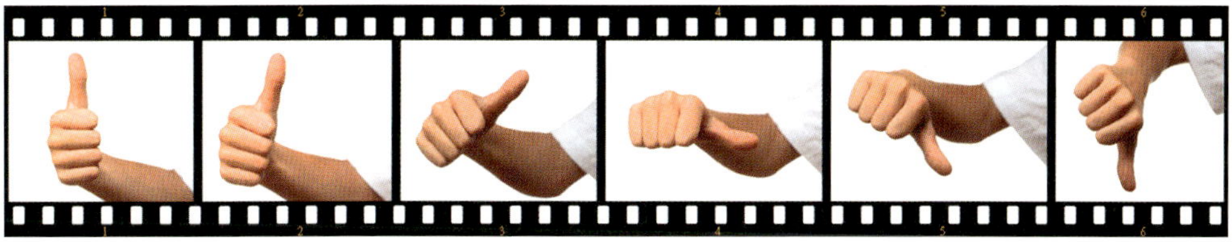

2.3.2 Finger an der Tischkante

Die Länge der Tischkante kann als Skala dienen. Gemäß einem Zahlenstrahl, steht die linke Ecke für 0 %, die rechte für 100 %. Der Zeigefinger wird entsprechend positioniert.[8]

Skalierungsfragen

Skalierungsfragen erscheinen für einen äußeren Beobachter meist nicht spektakulär. Für denjenigen, der sich versucht, zu positionieren, erscheint eine Skalierungsaufgabe anders. Versuchen Sie es einmal:

„Wo stehen Sie gerade in Ihrem Arbeitsprojekt? Wie viel Prozent haben Sie noch vor sich?"

Es ist gar nicht so entscheidend, dass man exakt „richtig" liegt (wer sollte das auch beurteilen?), vielmehr geht darum, dass sich der Blickwinkel verändert. Man betrachtet jetzt das ganze Projekt von außen in seiner Gesamtheit und nicht vom aktuellen Standpunkt aus. Das kann eine Entscheidung ändern.

2.3.3 Höhe anzeigen

Mitunter ist eine senkrechte Skala passender.

„Wie schätzen Sie Ihren aktuellen Wissensstand zum Thema ein, um die kommende Herausforderung zu meistern?"

Mit der flachen Hand wird angezeigt. Die Tischhöhe markiert das Nullniveau. Wenn die Hand tiefer ist, wird ein gefühltes Defizit angezeigt, wenn die Hand über dem Tisch ist, entsprechend eine Überqualifikation.

8 Streng genommen handelt es sich hier um keine Äußerung über den Körper, sondern eine Ortskodierung, da die Umgebung (Tischkante) mit einbezogen wird.

2.3.4 Größe mit den Händen anzeigen

„Mit Zahnstochern soll ein Ikosaeder (= Zwanzigflächner) gebaut werden. Wie groß wird dieser? Wer sich entschieden hat, verschränkt die Arme. – Jetzt bitte mit den Händen anzeigen."

Größenabschätzungen

Als Antwort formen sich die Hände um einen unsichtbaren Ball. Auf diese Weise können auf einfachste Weise Größenabschätzungen für alle im Raum sichtbar werden. Nur wer sich vor dem Bau Gedanken gemacht bzw. sich festgelegt hat, der kann sich von der realen Größe überraschen lassen. Mit dieser „Anzeige" wird Beliebigkeit vermieden.

2.4 Rollenbelegung einer Hand

Eine Hand kann bestimmte Rollen einnehmen. So kann sie zu einer Ebene (flache Hand) werden oder zu einem (rechtshändigen) Koordinatensystem.

2.4.1 Lage von Ebenen

Gegenseitiges Abfragen: Der Prüfer zeigt mit der rechten Hand ein Koordinatensystem an und gibt eine Ebenengleichung vor, z. B. $2x + 3y + 5z = 0$. Der Prüfling markiert mit seiner flachen Hand die Lage der Ebene. Zusätzlich kann der Normalenvektor mit einem roten Stift und Vektoren, die in der Ebene liegen, durch Bleistifte dargestellt werden. Weiter kann die Lage zweier Ebenen abgefragt bzw. dargestellt werden (vgl. Fotos).

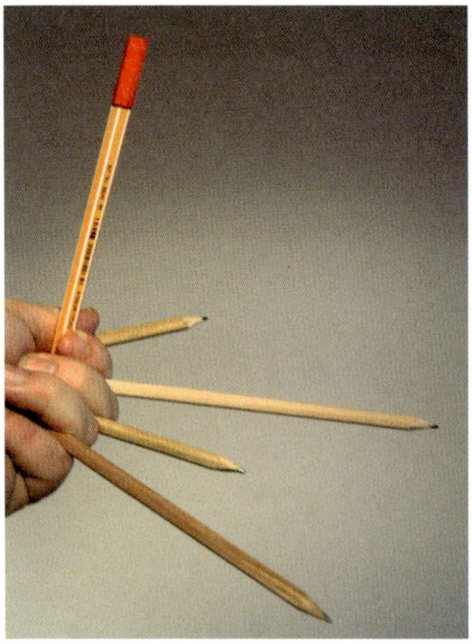

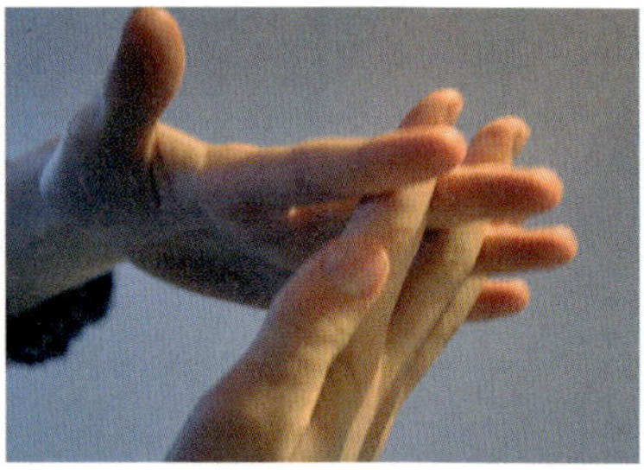

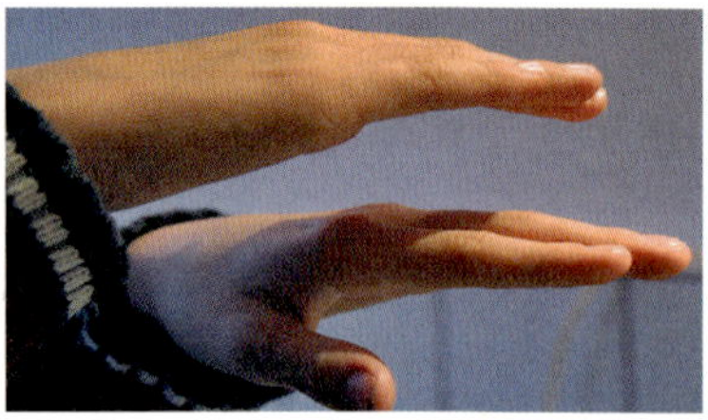

2.4.2 Koordinatensystem

Es werden in der Zweiergruppe zwei Rollen vergeben: Der Mächtige zeigt mit der rechten Hand ein Koordinatensystem, der Untergebene hat die Aufgabe, die Koordinaten seines Kopfes (bzw. seiner Nase) konstant zu halten.[9] Gedanklich ist die Nasenspitze fest mit dem Koordinatensystem verknüpft. Geht der Mächtige einen Schritt vor, so geht auch der Untergebene in dieselbe Richtung. Auf diese Weise führt der Mächtige den Untergebenen durch den Raum. Anschließend Rollenwechsel.

Alternativ kann nur ein Schüler der Mächtige sein, der das Koordinatensystem bestimmt. Alle anderen achten darauf, dass sich die Koordinaten ihrer Nasenspitze nicht verändern. Diese alternative Übung ist vom Mächtigen sehr, sehr langsam durchzuführen.
Didaktische Bemerkung: Der Lernende erfährt im Spiel, dass er selbst die Macht hat, das Koordinatensystem frei zu wählen.

2.5 Darstellung mit dem ganzen Körper

Nicht nur die Hände können, auch der ganze Körper kann „sprechen“. Während die mit Fingern belegte Zeichensprache an Gebärdensprache erinnert, haben die folgenden Darstellungen ihre Wurzeln im darstellenden Spiel bzw. in Standbildern. Die Wahrnehmung und Exaktheit werden im Modellieren geschult. Im Folgenden werden zuerst klassische Modellierungsarbeiten (Standbilder), anschlie-

darstellendes Spiel

9 Die Idee basiert auf einer Übung von Augusto Boal (Theater der Unterdrückten, Suhrkamp Verlag, 1989, 13. Aufl.) und wird bei Martin Kramer (Physik als Abenteuer Bd. II, Klett-Kallmeyer, 3. Auflage 2018) didaktisch für den Physikunterricht angewendet.

ßend die Möglichkeit der körperlichen Abfrage (Schaubilder, Winkelweiten) behandelt.

2.5.1 Standbilder

Modellierungen sind hervorragend dazu geeignet, sich in Charaktere und Stimmungen hineinzuversetzen.

Macht und Ohnmacht

Es werden Paare gebildet. Einer übernimmt die Rolle des Künstlers, der andere die des zu gestaltenden Materials. Der Spielleiter gibt ein Thema der Gestaltung vor, beispielsweise Macht. Daraufhin formt der Künstler eine Figur, die maximal mächtig erscheint. Es wird nicht gesprochen, häufig ist es von Vorteil, wenn das „Material" die Augen geschlossen hat, um nicht automatisch eine bestimmte Pose einzunehmen. Der Künstler geht vom Scheitel bis zur Sohle die Haltung durch: Wie sind die Füße aufgesetzt? Wie angewinkelt sind die Knie? Wie aufrecht ist die Wirbelsäule? Wie ist sie in sich verdreht? Wie sind Arm- und Handhaltungen? Wie sitzt der Kopf auf dem Hals? Kinn- oder stirnlastig? Wie stark ist er zur Seite geneigt? Hände und Kopfhaltung erzeugen eine große Wirkung. Zum Schluss wird das Gesicht modelliert. Dabei wird das menschliche „Material" nicht angefasst. Stattdessen wird der Ausdruck gespiegelt, das heißt, dass der Künstler die Mimik vorgibt, die übernommen wird. Die Blickrichtung wird angezeigt, indem ein imaginärer Faden von den Augen an den Zielort geheftet wird.

Modellierungsphase

Es wird eine Modellierungszeit von drei Minuten vorgegeben. Meist müssen die Künstler die Genauigkeit und Exaktheit zuerst erlernen. Kleine Veränderungen führen eine große Wirkung herbei. Der Künstler soll sich mehrmals von seiner Figur entfernen und von verschiedenen Seiten betrachten. Bitte nur Haltungen modellieren, die das Modell eine Weile halten kann. Ernsthaftigkeit ist gefragt! Daher sollte mit offensichtlich ernsten Themen begonnen werden. Während der gesamten Modellierungsphase wird nicht gesprochen. Mit dem Gemurmel im Raum verschwinden Ästhetik und Aufmerksamkeit. Was verbal ausgedrückt wird, kommt in der Regel nicht in die Körperlichkeit.

Exaktheit

Museumsgang

Anschließend wird der Figurenwald im „Museumsraum“ von allen Künstlern begangen. Dabei bitte einen Mindestabstand von einem Meter einhalten. Die Künstler dürfen sich flüsternd unterhalten, die Modelle sind natürlich starr. Die „Ausstellung“ sollte nicht zu lange dauern, da es Körperbeherrschung abverlangt, in der Starre zu sein. Anschließend findet ein Rollenwechsel statt. Der „Künstler“ wird zum „Material“ und umgekehrt. In einer zweiten Runde kann das Thema „Ohnmacht“ bearbeitet werden.

Didaktische Bemerkung

Der Gang durch den Figurenwald zeigt einerseits verschiedene Darstellungen der Macht. Weiter wird auch gleichzeitig deutlich, welche inneren Bilder in den Künstlern zum Thema Macht repräsentiert sind.

innere Bilder

Standbilder zu Gewalt

Die Übung verläuft analog zu „Macht und Ohnmacht“. Allerdings werden Kleingruppen gebildet, sodass der Künstler mindestens zwei Figuren formen kann, die aufeinander Bezug nehmen können. Auch hier ist es sehr interessant, welche inneren Bilder zur Gewalt im Raum sind. Meist beginnt man bei sehr klaren Gewaltdarstellungen, z. B. körperlicher Gewalt. In einem zweiten Durchgang lässt sich häusliche oder psychische Gewalt abbilden. Hier geschieht die Grausamkeit ganz ohne Körperkontakt.

Emotionale Standbilder

Die folgende Übung ist sehr wichtig für die gegenseitige Wahrnehmung in der Klasse. Sie ermöglicht das Einfühlen und Erkennen emotionaler Zustände.

Die Teilnehmer bilden einen Kreis mit dem Gesicht nach außen. Vom Leiter wird eine Emotion vorgegeben, z. B. „Prüfungsangst“, „Langeweile“, „Einsamkeit“, „Ärger“ … Jeder nimmt für sich allein eine entsprechende Körperhaltung und Mimik ein. Auf ein Zeichen des Spielleiters drehen sich alle gleichzeitig um und betrachten gegenseitig die unterschiedlichen Ausprägungen von „Angst“, „Ärger“, „Traurigkeit“ usw.

Maximal erotische Ausstrahlungskraft

Ein ungewöhnliches Beispiel soll Mut machen, neue Wege einzuschlagen und Grenzen zu überschreiten: Auf einem Elternabend zu einer mehrwöchigen Griechenlandreise leitete ich die Arbeit mit Standbildern an. Wir Leiter wollten auf der Reise theaterpädagogisch mit sechzehnjährigen Schülern arbeiten und daher erschien es ratsam, mit den Eltern einige Übungen vorab durchzuführen. Es braucht zur Umsetzung Fingerspitzengefühl und gegen den Willen der Eltern sollte man solche Übungen weder mit den Eltern noch mit den Schülern umsetzen. Zuerst wurde das Thema „Macht" modelliert (s. oben). Im zweiten Durchlauf sollten die Frauen die Männer mit „maximal erotischer Ausstrahlungskraft" darstellen.

Rollenbruch

Das ist zuerst einmal ein Rollenbruch und sehr ungewöhnlich im schulischen Rahmen. Es ist der Versuch, gegen die Bilder pornografischer Darstellungen im Internet anzugehen. Vielleicht waren deswegen die Eltern mit Freude dabei. Die Bilder aus dem Netz sollen an Macht verlieren und nicht zu den zentralen inneren Bildern der jungen Menschen werden. In der Übung in Griechenland zeigten sich die Schüler überrascht, welche Feinheiten und welche Statuen Wirkung erzielten.

Vorsicht bei der Umsetzung

Falls ein Leser versucht ist, diese Übung umzusetzen, hier einige Hinweise: Die Übung ist an der Grenze zur Sachlichkeit. Erotische Ausstrahlungskraft ist, auch wenn es in der Werbung häufig eingesetzt wird, ein sehr sensibles Thema. Daher: Erst die Übung mit den Eltern durchführen, dann mit den Schülern und nie gegen den Willen. Der Spielleiter modelliert nie mit und stellt sich auch nie als Material zur Verfügung (Rollenbruch!). In der Übung soweit wie möglich das Persönliche herausnehmen. Es geht um die Wirkung von Körperhaltungen, nicht um die betreffende Person. Im Anschluss gibt es die Möglichkeit zum Austausch.

Geschichtliche und fiktive Charaktere

Sowohl geschichtliche als auch fiktive Rollen aus Büchern eignen sich hervorragend zum Modellieren.

Das Skizzieren einer Romanfigur entspricht auf körperlicher Ebene dem Modellieren einer Figur. Es lässt sich körperliche und schriftstellerische Arbeit kombinieren. Schritt für Schritt wird die Figur geformt und beschrieben.

2.5.2 Schaubilder

„Zeige das Schaubild der Funktion $f(x) = x^2$ an."

Mit dem Körper können Schaubilder gestellt werden.[10] Links wird eine Normalparabel mit üblichem Definitionsbereich angezeigt. Rechts wird ebenfalls eine Parabel angezeigt, allerdings wurde der Definitionsbereich (nur negative x-Werte) eingeschränkt.

Um die Funktion $f(x) = x^2 + 1$ anzuzeigen, steigt der Schüler auf den Stuhl. Auch das Verschieben in x-Richtung kann relativ zum ursprünglichen Schaubild ($f(x) = x^2$) angezeigt werden. So wird der Graph von $f(x) = (x + 1)^2$ mit einem Schritt nach links (in Richtung negativer x-Werte) dargestellt.
Möchte man Schaubilder linearer Funktionen darstellen, so muss zuvor definiert werden, wie die x-Achse verläuft. Am einfachsten wird zur Orientierung ein Achsenkreuz an die Tafel gezeichnet.

2.5.3 Winkelweiten

Die Handflächen werden zu einem Zeiger aneinandergelegt. Eine positive Gradzahl bedeutet eine Drehung gegen, eine negative entsprechend im Uhrzeigersinn.

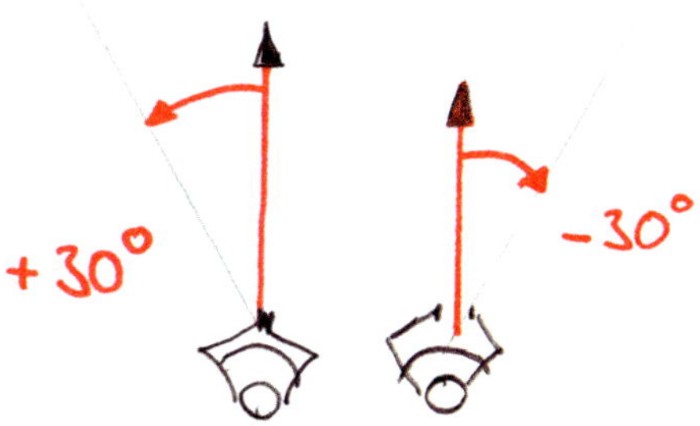

10 Aus Martin Kramer: *Mathematik als Abenteuer*, Bd. III, Klett-Kallmeyer 2018, 5. Auflage.

Die Übung[11] kann mit vielen Lernenden gleichzeitig durchgeführt werden. Ein möglicher Ablauf: Zu Beginn zeigen alle Schüler senkrecht zur Tafelwand. Dann werden die Augen geschlossen und der Lehrer gibt eine Winkelweite, z. B. „+ 30°", an. Jetzt müssten sich alle Schüler um die entsprechende Gradzahl nach links drehen. Danach folgen weitere Angaben, z. B. „– 45°", „+ 12°" und „+ 313°". Zum Schluss werden die Augen geöffnet und jeder kann kontrollieren, wie exakt er steht. Wenn es keine gemeinsame Orientierung gibt und die Zeiger kreuz und quer im Raum stehen, wird die Übung schrittweise sehend wiederholt.

Bemerkungen:

(1) Bei dieser Übung werden alle gleichzeitig „abgefragt" und keiner vorgeführt. Das entspricht dem Gegenteil einer üblichen Abfragetechnik, wo ein Schüler gefragt wird. Dieser steht auf der „Bühne" und alle Augen sind auf ihn gerichtet. Dadurch, dass alle „abgefragt" werden, befinden sich alle auf der Bühne, aber da keine Zuschauer mehr da sind, ist auch die Bühnenwirkung zerstört.

keine Bühne

(2) Durch das Schließen der Augen, wird jeder Schüler zuerst individuell abgefragt. Er hat die Augen geschlossen und weiß nicht, wie die anderen sich entscheiden. Er könnte schummeln und heimlich spicken, aber auch das wäre seine Entscheidung. Im Anschluss wird durch die Gruppe kontrolliert. Zeigen alle anderen in der

11 Aus Martin Kramer: *Mathematik als Abenteuer,* Bd. I, Klett-Kallmeyer 2019, 5. Auflage.

Gruppe in eine andere Richtung, ist es wahrscheinlich, dass ich mich vertan habe. Vergleiche hierzu auch die Achse von „Nähe und Distanz" im Riemann-Thomann-Modell. „Distanz" entspricht hier der blinden individuellen Drehung, „Nähe" der sehenden (vgl. Abschnitt 1.5 „Aus- und Anschalten sozialer Systeme).

2.6 Äußerung über Bewegung

2.6.1 Starre und Bewegung

Starre und Bewegung entsprechen einer Ja–Nein-Aussage. Allerdings ergibt sich durch den Fluss der Bewegung oder deren Aufhören ein ästhetisches Moment: Aus Starre wird Stille. Das verdeutlicht folgendes Beispiel:

ästhetisches Moment

Der Spielleiter stellt eine komplexe Aufgabe oder ein Problem. Schweigend gehen die Schüler durch den Raum. „Wer eine Lösungsidee hat, friert seine Bewegung ein. Wer noch weiter nachdenken möchte, geht weiter. Wer noch nie erlebt hat, dass eine größere Gruppe vollkommen bewegungslos in einem Raum ist, mag diesen Zustand genießen. Es ist ein besonderer Moment."

Die letzten Bewegungen frieren meist sehr schnell ein, da auf die letzten Bewegungen ein Gruppendruck wirkt. Über Bewegung wird Aufmerksamkeit erzielt, wer sich bewegt ist im Fokus bzw. auf der Bühne. Das beschleunigt zusätzlich das Einfrieren. Mitunter genießen es manche Schüler, im Rampenlicht zu sein, in diesem Fall kann der Lehrer bitten, dass in zwei, drei Atemzügen alle zum Stillstand kommen. Das komplette „Freeze" im Raum kann dadurch verstärkt werden, dass jeder auf die leiseste Bewegung im Raum achten soll. Was ist die leiseste Bewegung, die gerade noch wahrgenommen werden kann? Es ist ein magischer Moment, wenn lebende Menschen in einem Raum einfrieren. Man wird an ein Wachsfigurenkabinett erinnert, die Wirkung ist jedoch intensiver, da die „Wachsfiguren" sich gegenseitig kennen.

2.6.2 Bahn- und Winkelgeschwindigkeit

Über Bewegung können physikalische Größen gleichzeitig (!) angezeigt (geäußert) und erlebt werden[12]. *„Geht bitte alle mit einer Geschwindigkeit von* $0{,}2\frac{m}{s}$ *durch den Raum."* Negative Geschwindigkeiten werden selbsterklärend: Bei $-0{,}1\frac{m}{s}$ gehen alle Schüler rückwärts.

12 Aus Martin Kramer: *Physik als Abenteuer*, Bd. II, 2016, 3. Auflage.

Ebenso lässt sich die Winkelgeschwindigkeit erfahren. Die Schüler drehen sich entsprechend mit $\frac{0{,}5\,\pi}{s}$. Auch die Überlagerung von Bahn- und Winkelgeschwindigkeit ist möglich (vgl. im nächsten Abschnitt das „interaktive Planetarium").

2.6.3 *Darstellendes Spiel*

Viele Dinge lassen sich durch Nachspielen modellieren und begreifbar machen. Kinder nutzen diese intensive und lustvolle Form des Lernens ganz selbstverständlich. Sie schlüpfen in Rollen, indem sie „Mutter und Vater" nachspielen oder Tiere imitieren. Nachspielen lassen sich geschichtliche Ereignisse, der Ablauf im Parlament, Wechselbeziehungen zwischen Ländern oder physikalische oder chemische Experimente.
Wichtig ist, dass zu Beginn des Spiels die Rollen geklärt sind. Die folgenden Beispiele stammen aus der Naturwissenschaft unter anderem deswegen, weil dort das darstellende Spiel nicht selbstverständlich ist. Die Schüler nehmen Rollen als „H_2O-Molekül", als „Gasteilchen" und als ganze „Erdkugeln" ein.[13]

Vom Eis zum Wasserdampf

Es ist −273,16 °C. Kälter kann es nicht werden, der absolute Nullpunkt ist erreicht. Die „H_2O-Moleküle" (Schüler) halten sich starr an den Händen (Gitterstruktur) und sitzen ohne eine Regung auf ihren Gitterplätzen (Sitzplätzen). Sie stellen gefrorenes Wasser dar. Eine Flamme (z. B. der Spielleiter) führt thermische Energie zu, in dem sie verschiedene Moleküle sanft anstößt. Die Bewegung breitet sich über die Gitterstruktur im ganzen Raum aus (Wärmeleitung). Immer weiter wird Energie zugeführt, bis einzelne Moleküle sich aus ihren Plätzen lösen können. Das erfordert viel Energie (der Schmelzwärme): Die Flamme muss die einzelnen Moleküle aus dem Gitter herausheben (Aufstehvorgang) … Die Modellierung geht weiter bis zum gasigen Zustand.

13 Diese und viele weitere Beispiele sind in *Physik als Abenteuer*, Bd. I & II, Klett-Kallmeyer Verlag, Seelze 2018, 3. Aufl. ausgeführt.

Wie verhalten sich Atome?

Die „Gasteilchen“ bewegen sich geradlinig im Raum. Wie bei jedem Rollenspiel, tauchen bei Spielen Fragen auf, wie man sich in einer bestimmten Situation verhalten sollte. Was passiert, wenn ich als Gasteilchen gegen die Wand stoße? Was geschieht, wenn mir ein anderes Teilchen entgegenkommt? Werde ich angezogen, abgestoßen, können wir auch zusammenkleben? Das sind grundlegende Fragen der Modellierung: Stößt ein Teilchen an die Wand, so prallt es ab. Fliegen zwei Teilchen aufeinander zu, so stoßen sie wie beim Billardspiel zusammen. Wird die Temperatur im Raum erhöht, bewegen sich die Teilchen schneller, der Druck auf die Wand erhöht sich. Alternativ kann der Druck auf die Wand erhöht werden, wenn der Raum kleiner wird. Die Teilchen werden bei konstanter Temperatur nicht schneller, trotzdem treffen pro Sekunde mehr Teichen auf die Wand. Auf diese Weise können die allgemeinen Gasgesetze nachempfunden werden.

Modellierung

Ein interaktives Planetarium

Das Klassenzimmer verwandelt sich in ein interaktives Planetarium. Bei dieser Übung lässt sich gut „erfahren“, wie schnell sich die Erde um ihre eigene Achse dreht, was ein Jahr und was ein Schaltjahr ist und dass im Weltraum Begriffe wie „oben“ und „unten“ ihre Bedeutung verlieren.

In der Mitte des Klassenzimmers wird eine Kerze angezündet. Die Schüler bilden einen großen Kreis um die strahlende Sonne; dann wird das Licht im Raum ausgeschaltet. Jeder Schüler macht die Übung für sich allein. Sein Körper stellt die Erde dar; der Standort der Schule befindet sich auf der Nasenspitze. In unserem Planetarium ist es 12:00 Uhr mittags, somit blicken wir alle in Richtung Kerze. Um Mitternacht drehen sich alle Schüler um und betrachten den Fixsternhimmel (Wand). Es wird ein Tag durchgespielt: Zu Beginn ist es 12:00 Uhr, dann kommt der Abend, 18:00 Uhr. Die Sonne verschwindet aus dem Gesichtsfeld und geht „unter“. Man kann im Modell den Sonnenaufgang recht gut nachvollziehen: Die Erde dreht sich von West nach Ost; somit erscheint die Sonne zuerst im Sichtfeld ganz links (im Osten) und wandert im Laufe der Drehung immer weiter, bis sie schließlich im Westen untergeht.

Wir lassen ein paar Tage im Zeitraffer verstreichen. Fordern Sie Ihre Schüler auf, exakt zu sein! An einem Tag dreht sich die Erde einmal um die eigene Achse und kommt auf ihrer Bahn um die Sonne nur ein winziges Stückchen voran. Genauer: Ein Umlauf um die Sonne entspricht 365 Eigenumdrehungen. Pro Winkelgrad Umlaufbahn erfolgt also ca. eine Umdrehung. Bei dieser Übung habe ich zum ersten Mal die Erde als Kreisel erfahren. Natürlich hatte ich die Dinge im Kopf, aber das Nachempfinden war überraschend.

Es lässt sich die Richtung der Umkreisung der Sonne hinterfragen, die Idee des Schaltjahres kann nachvollzogen und, um noch weiter in die Tiefe zu gehen, die Präzession der Erde mitbeachtet werden. Mit der Faust kann der Mond dargestellt und damit Sonnen- und Mondfinsternisse modelliert werden.

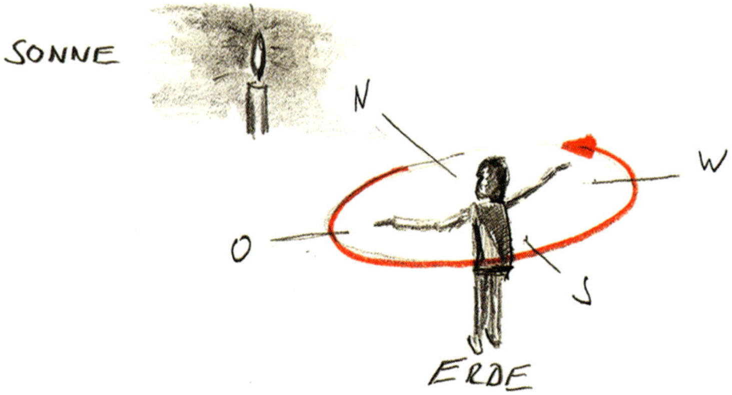

Kapitel 3
Aufstellungsarbeit: Äußerungen über den Ort

Bisher lag der Fokus auf Zeichen- und Gebärdensprache, die Umgebung spielte eine untergeordnete Rolle. Ab jetzt kommt es nicht nur auf die Äußerung an sich an, sondern auch darauf, wo diese stattfindet. Ein Beispiel: Wenn Sie sich im Bus neben einen Unbekannten setzen (Äußerung), hängt der Inhalt vom Kontext ab: Wenn alle sonstigen Plätze belegt sind, hat das eine völlig andere Bedeutung als wenn sonst niemand im Bus sitzt. Im ersten Fall geht es darum, dass Sie sitzen und nicht stehen möchten, im zweiten geht es um mehr als „nur sitzen", es geht um eine Beziehungsanfrage. Mit der Beachtung der Umwelt steigern sich die Möglichkeiten wesentlich.

mächtiges Werkzeug

Achtung: Aufstellungsarbeit ist ein sehr mächtiges Werkzeug. Gestalten Sie nur Aufstellungen zu Sachfragen. Keine Aufstellungen zu Beziehungsfragen im Klassenzimmer! Bitte hierzu Abschnitt 1.3 beachten.

3.1 Standpunkte einnehmen

Das Grundprinzip ist sehr einfach: Verschiedene Orte im Raum werden mit verschiedenen Aussagen belegt. Auf diese Weise können sich alle Schüler gleichzeitig nonverbal äußern, indem sie „Stellung beziehen".

3.1.1 Ja-Nein-Äußerungen im Raum

Statt mit dem Körper oder Fingern Ja–Nein-Äußerungen anzuzeigen, können diese räumlich erfolgen:[14]
„Wer sich entschieden hat, kommt nach vorn."
„Wir treffen uns im Schulhof schweigend in einem exakten Kreis. Wer mit seinen Überlegungen fertig ist, geht nach draußen."

---

14 Für komplexere Fragestellungen vgl. den Abschnitt 3.2 „Standpunkte diskutieren".

„Wer die Meinung A vertritt, geht nach links, wer die Meinung B vertritt, nach rechts."

Räumliche Strukturierung von Unterricht
Auf diese Weise kann Unterricht räumlich strukturiert werden. Das kann sehr hilfreich sein, wenn der Unterricht an einem anderen Ort fortgeführt werden soll. Etwa hinten im Klassenzimmer, vorn an der Tafel bei einem Experiment oder auf dem Pausenhof in einem Kreis. Ebenfalls kann die Technik bei Rund- und Lehrgängen (siehe oben) eingesetzt werden. „Wer diesen Schritt verstanden hat, geht zum nächsten Punkt." Der Lehrer sieht damit, wie „weit" seine Schüler sind. Eine besondere Anwendung zeigt der „Vorhang":

Vorhang

Klassenzimmertür

Die Tür wird zum Vorhang. Die Veranstaltung beginnt also vor dem Veranstaltungsraum. Beispiele:

- „Wer eine Idee oder eine konkrete Frage zu dem neuen Projekt hat, tritt schweigend ein und setzt sich. Es geht weiter, wenn alle so weit sind. Bitte bis dahin im Schweigen bleiben."
- Der Lehrer stellt eine Aufgabe: „Wie weit ist die Sonne von der Erde entfernt? Wer für sich einen Schätzwert gefunden hat, tritt ein."
- „Überlegt euch bitte in Stille euer schönstes Ferienerlebnis. Wer so weit ist, tritt ein."
- „Bitte nicht sprechen. Jeder überlegt sich eine Kopfrechenaufgabe mit Lösung. Wer soweit ist, tritt ein."
- „Wo werden in folgendem Satz die Kommas gesetzt? Wer sich entschieden hat, geht auf seinen Platz."

Jeder, der eintritt, hat damit geäußert, dass er sich etwas überlegt hat. Niemand ist jetzt „einfach so" im Raum: Jeder überschreitet die Schwelle mit einer Idee oder einer Frage.
Der Gruppendruck sorgt dafür, dass nicht zu lange gewartet und ein gemeinsamer Beginn möglich wird (vgl. den Abschnitt über Gruppendruck in Abschnitt 1.8). Die folgende Übung zeigt ein Beispiel, wo statt dem Eintreten das Verlassen des Raumes eine Rolle spielt. Es werden mehrere nonverbale Methoden verwendet.

Wahrnehmungsübung
Die Übung benötigt keinerlei Vorbereitung und eignet sich unter anderem wunderbar für Vertretungsstunden.

Vertretungsstunden

Alle gehen schweigend durch den Raum, nichts darf mehr verändert werden. Der Spielleiter erklärt, dass er später genau fünf Dinge verändern wird. Wer sich alles eingeprägt hat oder genügend gesehen hat, geht raus.[15] Wenn der Lehrer als erster rausgeht, bleibt die Stille erhalten.
Sind alle draußen, schließt der Leiter die Tür und verändert fünf Dinge (ein Stuhl wird verschoben, das Licht angemacht, ein Fenster geschlossen, das Flipchart verrückt, die Tafel nach oben geschoben, der Papierkorb umgestellt oder was auch immer ...). Anschließend bittet er die Gruppe herein. Wieder soll genau darauf geachtet werden, dass nichts verändert wird, da es sonst mehr als fünf Änderungen gibt. Wer meint, alle Veränderung gefunden zu haben oder nicht mehr weitersuchen möchte, friert ein. Es geht weiter, wenn alle eingefroren sind.
Auch die Auflösung geschieht schweigend. Es ist viel spannender, einen Vorgang zu verfolgen, als nur sprachlich informiert zu werden. Das gilt ganz allgemein, aber ganz besonders dort, wo es viele Worte und wenig Handlungen gibt. Handlungen erzählen eine Geschichte, Sprache überspringt häufig die Handlung.
Zurück zur Wahrnehmungsübung: Es bewegt sich stets nur eine Person, da Aufmerksamkeit nicht oder nur sehr schwer gesplittet werden kann. Wenn sich also Clara in Bewegung setzt, um den Mülleimer zurückzuschieben, dann bleibt der Rest stehen. Wurde der Mülleimer an die falsche Stelle geschoben, muss dieser wieder zurückgestellt werden.

3.1.2 Standpunkte diskutieren

Die Grundidee ist einfach: Die verschiedenen Ecken des Raumes werden mit Aussagen belegt. Das ermöglicht eine Diskussionsform, an der die gesamte Klasse teilnimmt. Durch die Aufstellung ergibt sich zudem eine ganz neue Qualität. Da die verschiedenen Positionen klar im Raum „stehen“, sind Mehrheiten offensichtlich. Es ist ein sehr großer

15 Hier handelt es sich um eine nonverbale Äußerung über den Ort. Das Verlassen des Klassenzimmers bedeutet: „Ich bin fertig, es kann weitergehen.“

Unterschied, ob man „nur“ etwas zu einem Thema sagt oder sich von einem bestimmten Standpunkt aus entscheidet. Jeder sieht, wo jeder steht! Die Diskussion wird sehr klar, schlichtweg deswegen, weil das Verbale (der Beitrag) mit dem Nonverbalen (Standpunkt) zusammenfallen. Form (der Ort) und Inhalt (die Äußerung) entsprechen einander.

„Er-örterung“ – lebendige Diskussion

keine Vorbereitung

Für die Übung braucht es keine gesonderte Vorbereitung. Die Aufstellungsarbeit kann spontan aus einem aktuellen Anlass vom Leiter organisiert werden. Dieser sammelt verschiedene Standpunkte zu einem Diskussionsthema. Es lassen sich alle (!) Themen verwenden, die diskutierbar sind. Sei es das weitere Vorgehen in einem Projekt, die Wahl eines Ausflugszieles, eine Terminentscheidung, eine politische Diskussion oder ein fachliches Problem. Ebenso ist die Methode an kein Alter gebunden.

Übersicht

Jede Ecke im Klassenzimmer wird mit einer Aussage belegt. Nachdem jeder unabhängig Stellung bezogen hat, wird mithilfe eines Redestabes diskutiert.

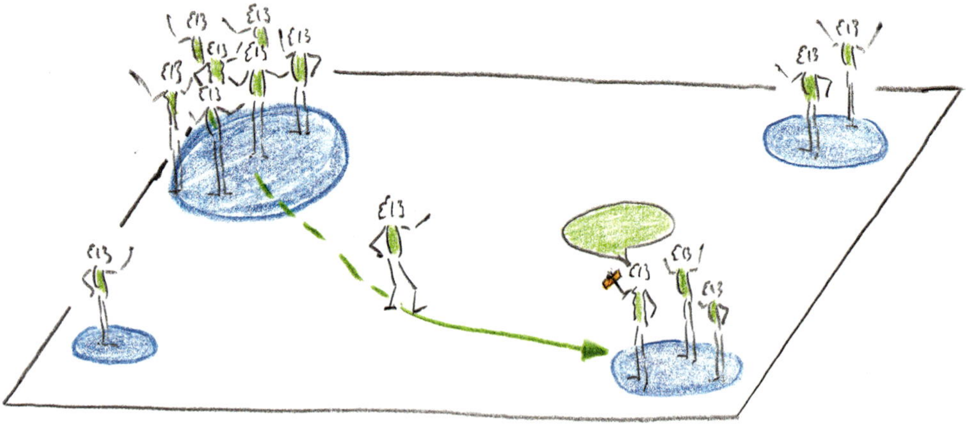

Die Übung ist auf den zweiten Blick sehr komplex. Das folgende Beispiel zeigt ausführlich eine Umsetzung und hebt für den Leiter der Diskussion knifflige Stellen hervor.

Organisation und Ablauf

Das Vorgehen wird absichtlich an einem konkreten Beispiel gezeigt. Bewusst wurde ein Themengebiet gewählt, bei dem auf den ersten Blick nicht sofort an die Möglichkeit einer „Er-örterung" gedacht wird.

Schritt 1: Problemstellung

„Wenn einmal an der Kurbel gedreht wird, wie oft dreht sich dann die zuletzt angetriebene Achse rechts im Bild?"[16]

Jeder, der an der Diskussion beteiligt ist, muss die Aufgabe verstehen. Ansonsten besteht die Gefahr, dass am Thema vorbeidiskutiert wird. Daher muss die Ausgangssituation so präzise wie möglich formuliert werden. Natürlich wird sich der Moderator/Leiter um eine klare und verständliche Fassung des Problems bemühen, aber ob seine Formulierung verstanden wurde oder nicht, hängt ebenso von den Zuhörern ab.

Präzision

Schritt 2: Fragen zur Fragestellung

Stellen Sie daher unbedingt die Frage: „Gibt es Fragen zur Fragestellung?" Typische Fragen im Beispiel sind: „Wie viele Zähne haben die einzelnen Zahnräder?", „Wie lang sind die Ketten?", „Welchen Durchmesser haben die Räder?" ... Beantworten Sie alle Fragen oder lassen Sie die Daten von den Teilnehmern selbst erheben – auch wenn Sie als Leiter die Meinung vertreten, dass für die Lösung die eine oder andere Frage nicht relevant wäre. Sie moderieren nur den Prozess. Schreiben Sie anschließend die Frage für alle sichtbar auf. Sehr häufig wird innerhalb der Diskussion vergessen, um was es eigentlich ging. Ebenfalls wird oftmals die Fragestellung während der Dis-

Datenerhebung

16 Vgl. Martin Kramer: *Bruchrechnen als Abenteuer. Mit Ketten und Zahnräder Bruchrechnung begreifen.* Klett-Kallmeyer Verlag, Seelze, 2018.

kussion noch einmal präziser gefasst. Mitunter hat man das Gefühl, der eigentliche Sinn der Diskussion besteht darin, die treffende Problembeschreibung zu finden.

Schritt 3: Eigene Entscheidung treffen

Sind alle für die Diskussionsteilnehmer relevanten Fragen geklärt, entscheidet sich jeder für seinen Standpunkt: „Wer für sich eine Antwort gefunden hat, verschränkt zum Zeichen die Arme. Es geht weiter, wenn alle Arme verschränkt sind."

Zwei Dinge sind wichtig: (1) In dieser Phase wird nicht gesprochen, denn nur so ist sichergestellt, dass jeder im Raum ohne äußere Irritation seine eigene Entscheidung treffen kann (vgl. im Abschnitt 1.6, den Absatz „Rettung der eigenen Idee"). (2) Mit dem Hinweis, dass es erst weitergeht, wenn alle Arme verschränkt sind, wird die Bedeutung einer gemeinsamen Diskussion unterstrichen. Es geht einerseits um die individuelle Meinung, andererseits kann nicht jeder ohne Rücksicht auf die Gruppe beliebig lange nachdenken (vgl. Abschnitt 1.8 über „Gruppendruck").

Schritt 4: Positionen entstehen

Die Positionen werden nicht vom Leiter vorgegeben, dieser moderiert lediglich und stellt klar, dass die „Standpunkte" für alle im Raum verständlich sind. Erst jetzt werden die unterschiedlichen Positionen geäußert, eine nach der anderen: „Ich bin der Meinung, dass sich die hintere Achse sechsmal dreht." Der Moderator sorgt dafür, dass jeder den Standpunkt versteht. Nicht immer sind die Antworten so klar. In dieser Phase darf und soll zurückgefragt werden, was der Sprecher genau meint. Es geht nicht darum, den Sprecher zu überzeugen, sondern dessen Standpunkt zu verstehen, daher wird **nicht** diskutiert. Im Anschluss geht der Sprecher in eine Raumecke und markiert und belegt damit seinen Standpunkt. Wer dieselbe Meinung vertritt, folgt ihm.

Der Moderator skizziert den Grundriss des Raumes an der Tafel, wo, wie auf einer Landkarte, die Standpunkte eingetragen werden. Das ist für die folgende Diskussion sehr wichtig, damit jeder eine Übersicht der Aussagen vor Augen hat und somit klar ist, welcher Standpunkt von wem eingenommen wurde. Am besten notiert der Sprecher selbst seine Äußerung und bezieht danach Stellung.

Durch seine Schrift wird einerseits ein zusätzlicher Bezug zwischen seinem Standpunkt auf der „Landkarte" hergestellt und andererseits liegt bei ihm die Verantwortung der „richtigen" Notation. Jeder andere (auch der Leiter) kann nur Fehler machen.
Anschließend werden die weiteren Standpunkte auf dieselbe Weise bezogen und auf der „Landkarte" notiert. Meist reichen die vier Ecken des Raumes aus, notfalls können auch weitere Orte dazwischen definiert werden. Wichtig ist, dass jeder im Raum erkennt, wo die Grenzen der Standpunkte liegen. Ein Niemandsland trennt verschiedene Positionen deutlich voneinander.
Der Leiter hält sich inhaltlich aus der Diskussion heraus. Es kann sein, dass die „richtige" Position (aus Sicht des Gesprächsleiters) nicht dabei ist, trotzdem ergibt die Diskussion hochgradig Sinn: So diskutieren wir Menschen. Wir wissen weder, ob alle relevanten Standpunkte vertreten sind, noch, ob „hinreichend" Informationen zur Lösung zur Verfügung stehen. Häufig kommt es während der Diskussion vor, dass neue Standpunkte entstehen.
Immer wieder gibt es „schwammige" Standpunkte, die keine klare Positionierung ermöglichen. Beispielsweise schließen sich die beiden Aussagen „ich glaube, dass sich die hinterste Achse mehr als zehnmal dreht" und „es werden weniger als 15 Umdrehungen sein" nicht aus. So etwas findet in jeder Diskussion bei Tisch statt, nur werden mit der Aufstellung Dopplungen und Doppeldeutigkeiten offensichtlich. Es ist die Aufgabe der Diskussionsteilnehmer, hier klarer zu werden, und nicht die des Leiters. Dieser achtet „nur" auf die formalen Regeln der Durchführung, nicht auf die Inhalte. Im Verlauf der Diskussion kommt es immer wieder zu Differenzierung bzw. Aufspaltung einzelner Standpunkte wie auch zu Zusammenführungen – wie bei verbalen Diskussionen auch.

„schwammige" Standpunkte

Ziel und Sinn der Diskussion

Haben alle Teilnehmer ihren Standpunkt eingenommen, beginnt die Diskussion. Das angestrebte Ziel ist eine intersubjektive Sichtweise, das bedeutet, dass alle einen gemeinsamen Standpunkt einnehmen können. Dieses wird bei fachwissenschaftlichen Fragestellung häufig erreicht. Bei politischen Diskussionen geschieht das in der Regel nicht (vgl. Beispiel 3.1.3).

gemeinsamer Standpunkt

Zielsetzung und Sinn der Diskussion sind unterschiedliche Dinge. Auch wenn das Ziel eines jeden Teilnehmers in der Überzeugungskraft seines Standpunktes liegt, so liegt der wesentliche Sinn in der Klärung der Positionen. Es geht darum, die andere Position zu verstehen, die eigene zu schärfen und klarer die Grenzen zu ziehen. Dafür braucht es das Gegenüber, darin liegt der Sinn der „Erörterung“. Demokratie Die freie Rede und Gegenrede ist die Basis einer jeden Demokratie.

Zug-um-Zug-Prinzip und Redestab

Ein „Redestab“ oder „Talking Stick“ ist ein kultureller Gegenstand, der über Jahrhunderte von Indianern bei wichtigen Gesprächen eingesetzt wurde. Wer den Stab in der Hand hält, erhält uneingeschränkte Aufmerksamkeit. Das Wesentliche bei dieser indianisch-schamanischen Technik ist nicht das Sprechen, sondern das „ganz zur Aufmerksamkeit werden“. Respekt für den anderen und vor sich selbst.

Die Idee zur Gesprächsführung wird übertragen. Aus Achtung dem Kultgegenstand gegenüber, halte ich es für ratsam, keinen „Redestab“, sondern einen vereinbarten Gegenstand zu verwenden. Es darf nur der sprechen, der diesen in der Hand hält. Gern wähle ich einen Apfel, der die paradiesische Idee der Erkenntnis mit in den Raum bringt. Sehr geschickt zur Moderation sind auch Dinge, die direkt mit dem Thema zu tun haben. Im Beispiel wird das Getriebe (vgl. Schritt 1) direkt verwendet.

Schritt 5: Diskussionsregeln

Es gibt drei zentrale Regeln:

§1 Es darf nur der sprechen, der den vereinbarten Gegenstand in der Hand hält. Flüstern und Tuscheln sind nicht erlaubt. Jeder hört dem Sprecher zu. Wer die Regel bricht, geht für zwei Sekunden vor die Tür.

§2 Jeder darf jederzeit schweigend seinen eigenen Standpunkt wechseln.

§3 Nach jedem Beitrag übergibt der Redner den Gegenstand und somit das Wort einem weiteren Diskussionsteilnehmer aus einer anderen Ecke (Zug-um-Zug-Prinzip).

Die Gruppe mit der geringsten Teilnehmerzahl beginnt. Im Beispiel wurde die Kette bei der Datenanalyse (vgl. Schritt 2) entfernt. Auf diese Weise ist die haptische Lösungsfindung auf mechanischem Weg verhindert worden.

Bemerkungen zu den Diskussionsregeln

Bemerkung zu § 1:

Der „Redestab“ regelt zwei Dinge: (1) Es spricht nur der, der den Stab in Händen hält. (2) Das Aufrufen geschieht nicht durch den Leiter, sondern durch einen Diskussionsteilnehmer. Damit zieht sich der Leiter aus dem Geschehen zurück, der Anschluss an die Fortführung der Kommunikation geschieht nicht mehr durch ihn! Er ist nicht mehr derjenige, der (als Moderator) das Wort erteilt.

Leiterrolle

Der Leiter ist in der Rolle des Regelhüters. Wird von ihm ein leises Flüstern stillschweigend hingenommen, sind durch den Präzedenzfall stillschweigend und indirekt zwei Regeln eingeführt worden: (1) Flüstern ist erlaubt! (2) Wenn der Leiter etwas sagt, muss man sich nicht daran halten!

Als Leiter übernehmen Sie die Rolle des Schiedsrichters: Egal, was Sie tun oder was Sie nicht tun, Sie erschaffen eine Struktur. „Man kann nicht nicht kommunizieren.“[17] Wenn Sie nicht beim ersten Regelverstoß intervenieren, dann werden Sie mit beiden neu entstandenen Regeln („Flüstern ist erlaubt“, „Was der Leiter sagt, kann diskutiert werden“) konfrontiert: „Warum darf XY flüstern und ich nicht?“

Die Rolle des Gesprächsleiters ist keine leichte: Auf der einen Seite ist er für die Einhaltung der Regel verantwortlich (Wer sollte sonst

17 Erstes Axiom menschlicher Kommunikation von Paul Watzlawick.

die Rolle einnehmen?), auf der anderen Seite kann ein Schiedsrichter ein Spiel auch „verpfeifen“. Daher ist die Sanktion „zwei Sekunden vor die Tür“ minimal. Es geht nicht um Strafe, sondern um das Bewusstmachen der Regel.
Sehr wahrscheinlich werden Sie gleich zu Beginn jemanden vor die Tür stellen. Wenn Sie jedoch unmittelbar agieren, ist die Regel damit bestätigt und es ist sehr wahrscheinlich, dass Sie nur noch sehr selten als Regelhüter oder als Schiedsrichter eingreifen müssen.

Bemerkung zu § 2:
Damit kann jeder im Raum in Echtzeit auf die Äußerung des Redners reagieren, ohne diesen zu unterbrechen. Über die ganze Diskussionszeit hinweg ist jede Veränderung der Standpunkte offensichtlich. Damit gestaltet der Schüler den Unterricht mit und spielt offensichtlich eine Rolle. Sein Standpunkt verändert die Situation, eventuell macht er sogar einen neuen Standpunkt auf. Für den Unterricht ist das sehr bedeutsam: Dieser wird zur Interaktion – und nicht zu einem Diktat, gleich einem Programm, wo schrittweise das abgearbeitet wird, was vom Lehrer oder dem System vorgegeben wurde.

Minderheitenschutz

Bemerkung zu § 3:
Diese Maßnahme enthält einen Minderheitenschutz. Jeder Standpunkt erhält damit dieselbe Redezeit. Wenn also 90 % der Diskussionsteilnehmer in einer Ecke stehen, und 10 % in einer anderen, dann wird die Redezeit nicht prozentual aufgeteilt, damit gehen Standpunkte von Außenseitern nicht unter. Trotzdem ist natürlich das Gewicht (Mehrheitsverteilung) für jeden im Raum offensichtlich (vgl. auch den Abschnitt zur Wertschätzung von Minderheiten in 1.8).

Weitere optionale Regeln

Die Mitte

Es gibt Teilnehmer, die sich zu Beginn nur schwer entscheiden können. Auch der Hinweis, dass es sich nur um eine vorläufige Entscheidung handelt und jederzeit der eigene Standpunkt geändert werden kann, hilft mitunter wenig. Um den Druck der sofortigen Entscheidung zu nehmen, kann die Mitte des Raumes zu Beginn zugelassen werden: Wer noch nicht weiß, wohin, darf sich erst jeden Standpunkt, aus gleicher (gedanklicher) Entfernung, anhören. Nachdem jede „Ecke“ ein Argument für ihren Standpunkt dargelegt hat, beziehen auch die „Mitten“ Stellung. Manchmal entstehen zu diesem Zeitpunkt neue Standpunkte.

Ein provokanter Satz des Leiters kann die Entscheidungsfreudigkeit unterstützen: „Wer sich im Leben nicht selbst entscheidet, über den wird entschieden – und das ist meistens die schlechtere Option."

Junge gibt Mädchen, Mädchen gibt Junge
Diese zusätzliche Regel ist nur bei jungen Geistern von Bedeutung. Beginnt in einer sechsten Klasse ein Junge mit der Diskussion, so wird häufig der Gesprächsgegenstand (Redestab) auch an einen Jungen weitergegeben. Und so besteht in vielen Klassen die Gefahr, dass während der gesamten Übung kein Mädchen mehr an die Reihe kommt. Entsprechend können die Jungen außen vor bleiben, wenn ein Mädchen den Anfang macht. Hier schafft die Regel der gegengeschlechtlichen Weitergabe Abhilfe.

Freie Diskussion
Manchmal ist die Diskussion so intensiv, dass es schwerfällt, nicht sprechen zu dürfen und nicht direkt und spontan etwas zu einer Äußerung des Redners zu sagen. Es scheint, als behindere § 1 den Diskurs. Auf der anderen Seite kann nicht wild durcheinander argumentiert werden: Wenn jeder seinen Kommentar abgibt, wann er es gerade für nötig hält, dann gibt es keine Diskussion mehr, sondern lediglich Chaos. Dem Drang, sich „Luft zu verschaffen" und frei reden zu dürfen, kann eine Form gegeben werden: Die Deckenbeleuchtung im Klassenzimmer wird ausgeschaltet. Solange es „dunkel" ist, darf frei diskutiert werden. Der Leiter kann gern dazu auffordern, Überzeugungsarbeit in den jeweils anderen Ecken zu leisten. Wenn das Licht wieder angeschaltet wird, wird erneut Position bezogen. Meist ändern sich die

Deckenbeleuchtung

FREIE DISKUSSION IN DER "DUNKELHEIT"

Verhältnisse. Mit dem Licht treten die eingeführten Regeln § 1–§ 3 wieder in Kraft.

Methodische Hinweise

Unsichtbare Gesprächsleitung

Dieser Abschnitt ist wichtig bei Diskussionen in der Schule, in Arbeitsgruppen oder wo immer eine klare Hierarchie herrscht: Fast immer sehen die Wortführer zum Lehrer bzw. Leiter. Die Diskussionsteilnehmer sind es gewohnt, von ihm Rückmeldungen zu bekommen: Mache ich es richtig? Wie sieht er meinen Standpunkt? Habe ich mich klar genug ausgedrückt?

Dabei besteht die Aufgabe nicht darin, den Lehrer oder den Leiter zu überzeugen. Er ist sogar der Einzige, der nicht mitspielt. Es ergibt überhaupt keinen Sinn, ihn anzusprechen, ebenso wenig wie es im Fußball Sinn ergibt, dem Schiedsrichter den Ball zuzuspielen. Die anderen „Ecken" sollen überzeugt werden, nicht der Schiedsrichter! Doch hier bringen Vernunft und Logik wenig. Es ist schlichtweg so: Ist der Leiter im Raum, schauen die Teilnehmer auf ihn. Ist er nicht da, schauen sie sich gegenseitig an. Es verhält sich in der Tat so, dass der Lehrer bzw. Leiter die Diskussion empfindlich stört. Also verstecken Sie sich, soweit es möglich ist. Bleiben Sie nicht stehen, sitzend sind sie kleiner. Platzieren Sie ihren Stuhl unter dem Türrahmen oder hinter einer Schülergruppe.

Leiter als Störer

Anfängliche Stille aushalten

Es gibt Fälle, wo die beschriebene Diskussionsmethode nur langsam anläuft. Auch wenn es als Leiter schwerfällt, nichts zu sagen: Vertrauen Sie darauf, dass die Diskussion in wenigen Minuten sehr lebendig wird! Greifen Sie nicht ein, lassen Sie den Schülern das Wort. Halten Sie die Stille aus!

Fehler aushalten

Es fällt vielen Lehrern nicht leicht, Irrläufer bzw. Falschaussagen von Schülern auszuhalten. Ich habe es in Seminaren, Fortbildungen, Vorlesungen und in Unterrichtsbeobachtungen wieder und wieder erlebt, dass Lehrer helfen wollen, indem sie Dinge richtigstellen. Es ist schwer, die Rolle des Stoffvermittlers ernsthaft aufzugeben und den Fokus auf die Strukturierung des Unterrichts, auf die Gestaltung der Kommunikation, zu richten. Die Schüler wissen sehr wohl, dass nicht alles, was gesagt wird, richtig ist. Es muss nicht vom Lehrer korrigiert werden. Auch ist es in einem konstruktivistischen Sinne äußerst fragwürdig, ob die (in den Augen des Lehrers) „falsche" Aussage nicht ein Schritt in Richtung der (Schüler-)Lösung ist – auch wenn es auf den ersten Blick (für den Lehrer) nicht danach aussieht.

Didaktischer Hintergrund

Einblick in die andere Denkweise

Sie werden oft darüber erstaunt sein, zu welchen gedanklichen Schlüssen das menschliche Gehirn in der Lage ist, wenn es nicht an der kurzen Leine geführt wird. Allein der Einblick in die Denkweise der Schüler macht diese Technik ungeheuer wertvoll. In fast allen Fällen verändert sich dadurch der weiterführende Unterricht, da der Lehrer näher am Schülerdenken ist.

Nachhaltiges Verständnis

Die Stärke dieser Technik besteht zum einen darin, dass Schüler über Inhalte sprechen und diskutieren, sie vor der ganzen Klasse vortragen und zum anderen darin, dass sich jeder Schüler am Unterrichtsgeschehen beteiligt, da er einen Standpunkt einnehmen muss. Das aktive Ringen um die Lösung, das tatsächliche Einnehmen eines Standpunktes, ermöglichen ein sehr tiefes und nachhaltiges Verständnis. Und schön ist, dass es keine Verlierer gibt, da so lange gerungen wird, bis alle auf einer Seite stehen.

keine Verlierer

Persönlichkeitsentwicklung, selbstständiges Denken

Früher fielen Gruppen übereinander her und die Gewinner erhielten Recht. Nun leben wir in einer Welt, in der die Vernunft und das logische Denken den Vorzug erhalten sollten. Dabei ist nicht die Mehrheit im Recht, sondern Recht hat der, der am „überzeugendsten" argumentiert. Man unterscheide zwischen „Recht" und „Wahrheit". Man kann „Recht" bekommen, obwohl man falsch liegt. An dieser Stelle erzieht der Unterricht zum selbstständigen Denken. Es kommt mitunter sogar vor, dass „treffende" Argumente ignoriert werden, weil die Gegenrede rhetorisch geschickter formuliert wurde. – Gern kann das hinterher thematisiert werden. In diesem Sinne ist die Übung auch eine Übung in selbstkritischem Denken und in Persönlichkeitsbildung: „Wo stehe ich? Welche Argumente sind die Ursache meines Standpunktes?"

Recht und Wahrheit

Es kommt auf die Überzeugungskraft an, nicht auf den Wahrheitsgehalt – eben wie im Leben.

Es geht darum, seinen eigenen Standpunkt zu finden, zu äußern und den der Kollegen wahrzunehmen. Zugrunde liegt ein systemisches und konstruktivistisches Lernverständnis.

3.1.3 Beispiel: Format eines didaktikschen Seminars

„Der altgriechische Ausdruck Symposion steht sinngemäß für, gemeinsames, geselliges Trinken. Frei nach dem griechischen Vorbild, wird mit Wein und Redestab ein zentrales Thema diskutiert. Für guten Wein ist gesorgt, didaktische Gläser gibt es auch, dafür keinen Trinkzwang. Im Symposion geht es nicht um Richtig oder Falsch. Es geht um die Unterschiedlichkeit verschiedener Standpunkte, es geht um die eigene Positionierung, es geht um Dialog."

Mit diesem Text habe ich als Leiter der Mathematikdidaktik an der Universität Freiburg jedes Jahr öffentlich zu einem Diskurs eingeladen. Zusammen mit vier Mitarbeitern wurden im Vorfeld vier verschiedene Standpunkte vorbereitet. Im Gegensatz zur spontanen Diskussion im Klassenzimmer ist die Vorbereitung hier erheblich größer. An einem Beispiel zum Thema „Inklusion – Behinderung oder Fortschritt?" wird eine mögliche Umsetzung vorgestellt.

Umsetzung

Die Teilnehmer des Seminars werden zu einem Kollegium einer gewöhnlichen Schule, die kurz beschrieben wird. Die Situation: Ein Mädchen mit körperlicher Behinderung (Klara, 15 Jahre; Rollstuhlfahrerin, die nicht eigenständig essen kann) und ein Schüler mit geistiger Behinderung (Josef, 11 Jahre; Entwicklungsstand eines Fünfjährigen) wollen in die Schule aufgenommen werden. Das Kollegium soll – möglichst ohne Gegenstimme – entscheiden, ob keiner der beiden, einer oder beide in der Schule aufgenommen werden. In jeder Ecke steht je ein Verfechter eines Standpunktes mit einem entsprechend gestaltetem Plakat. Auf dem Foto oben sind im Hintergrund in der rechten und linken Ecke jeweils ein Verfechter mit seinem Plakat zu sehen.

Wichtig ist, dass jeder Standpunkt so vertreten wird, dass der Vertreter an seine eigenen Worte glaubt, dass diese für ihn nachvollziehbar sind. Obwohl die Redezeit jeweils etwa eine Minute beträgt, benötigt die Vorbereitung mindestens zwei Stunden.

Vorbereitung der Standpunkte

Zuerst werden die Standpunkte an die Verfechter vergeben, dann sucht jeder für sich Argumente zusammen. Anschließend wird scharf diskutiert, dabei werden stets die Rollen getauscht, d. h. einmal wird der eigene Standpunkt eingenommen, direkt danach die Gegenposition. Auf diese Weise werden die Verfechter sehr vertraut mit dem Thema, den Argumenten und Gegenargumenten. Schlussendlich kann man jede Position verstehen und trotzdem einen Standpunkt einnehmen. Je emotionaler die einzelnen Vorträge werden, desto besser für die Veranstaltung. Hier eine kurze Skizze der vier Standpunkte, um eine etwaige Vorstellung zu geben. Diese können für eine eigene Veranstaltung nicht übernommen werden, sondern müssen eigenständig entwickelt werden, damit die Diskussion im Raum angeheizt werden kann.

jede Position verstehen

Standpunkt I (keiner wird aufgenommen)

Idee und Aufgabe der Schule ist es, eine optimale Umwelt für die aufgenommenen Lernenden zu bieten. Nicht jede Umwelt passt zu jedem Lernenden. Es wäre ein Unding und nicht passend, wenn ohne entsprechende Voraussetzungen (behindertengerechte Toiletten, spezielle Betreuung …) junge Menschen aufgenommen werden würden. Nicht umsonst wird viel Geld für behindertengerechte Einrichtungen ausgegeben.

Standpunkt II (nur das Mädchen mit körperlicher Behinderung wird aufgenommen)
Es ist unvorstellbar, dass jemand in einem Sozialstaat benachteiligt wird, nur weil er im Rollstuhl sitzt! Selbstverständlich kann ein Rollstuhlfahrer genauso das Abitur machen, wie jeder andere. Es mag sein, dass es Umstände macht, dass man den Rollstuhl eventuell ein Stockwerk hochtragen muss. Aber wo ein Wille ist, ist auch ein Weg! Da der Junge mit geistiger Behinderung keine Chance hat, das Abitur zu erreichen, wird er abgelehnt.

Standpunkt III (nur der Junge mit geistiger Behinderung wird aufgenommen)
Sicherlich wird Josef das Abitur nicht schaffen, aber das will er gar nicht. Er möchte einfach weiter mit seinen Freunden aus der Grundschule zusammen sein. Zeigt sich jede Gesellschaft nicht gerade darin, wie sie mit anderen umgeht? Sind Menschen mit geistiger Behinderung nicht häufig in sozialen Dingen den sogenannten „Normalen“ in Offenheit und Herzenswärme überlegen? Warum dürfen diese Menschen keinen Platz in unserer Schule haben? Josef braucht nichts besonders. Er kann in unsere Mensa, er geht genauso auf die Toilette wie jeder von uns. So what?
Für Klara ist die Umgebung in der Schule leider nicht geeignet. Es gibt keine spezielle Betreuung. Ja, es wäre wünschenswert, ist aber technisch nicht so realisierbar, dass sie in unserer Schule glücklich würde.

Standpunkt IV (beide werden aufgenommen)
Die ganze Gesellschaft in der Schule abzubilden, ist die zentrale Idee von Inklusion. Wenn wir Menschen mit Behinderung (egal, ob geistiger oder körperlicher) ausgrenzen, dann gehören sie nicht zur Gesellschaft und deren Wünsche und Vorstellungen spielen dann keine Rolle. Wollen wir nicht das echte Leben, draußen in der realen Welt, in der Schule abbilden, zu der auch Menschen mit Behinderung gehören, Bescheid wissen? Es gibt Untersuchungen, die zeigen, dass das soziale Miteinander durch Menschen mit Behinderung im Unterricht positiv beeinflusst wird.

Standpunkte werden bezogen

Nacheinander legen die Verfechter ihre unterschiedlichen Standpunkte dar. Jeder von ihnen trägt dabei ein körperliches „Zitat". Das kann zum Beispiel ein Rollstuhl oder eine Schnabeltasse für den Rollstuhlfahrervertreter sein oder das Grundgesetz (alle Menschen sind vor dem Gesetz gleich) für den, der beide zulassen möchte. Möglich ist auch ein Kleidungsstück, das abgelegt werden kann. Nach ca. fünf Minuten fallen die Verfechter sich gegenseitig ins Wort, sodass ein wildes Durcheinander entsteht.

körperliches „Zitat"

Dann übernimmt der Moderator die Situation: Als erstes werden die Verfechter der Standpunkte aus ihren Rollen herausgelöst, indem sie ihr Zitat niederlegen und die Ecke verlassen. Jetzt sind sie auch Teil des Kollegiums (die Seminarteilnehmer), welches nunmehr aufgefordert ist, eine gemeinsame Entscheidung treffen. Das Ziel ist keine Mehrheitsentscheidung, sondern dass alle im Raum einen gemeinsamen Standpunkt einnehmen können. In der Diskussion kann auch ein neuer Standpunkt eröffnet werden, gleichzeitig sei vor zu vielen Standpunkten gewarnt: Zu viele Möglichkeiten erschweren eine einheitliche Entscheidung. Die Diskussionszeit beträgt ca. eine Stunde.

In Vino veritas

Wer sich für einen Standpunkt entschieden hat, holt sich zum Zeichen ein Glas Wein „didaktischen Wein" oder ein nichtalkoholisches Getränk und stellt sich in die entsprechende Ecke. Wenn alle Gläser gefüllt sind, beginnt der Diskurs mit folgenden Regeln:

(1) Es darf nur der sprechen, der einen vereinbarten Gegenstand in der Hand hält. Häufig nehme ich hier einen großen Apfel. Er steht symbolisch für die Erkenntnisgewinnung. Bei großen Gruppen kann das Mikrofon zum „Redestab" werden.

(2) Jeder darf zu jedem Zeitpunkt – schweigend – seinen Standpunkt wechseln.
(3) Ziel ist, dass schließlich alle einen gemeinsamen Standpunkt einnehmen. Dieses wird jedoch fast nie erreicht, was der Veranstaltung jedoch keinen Abbruch tut, da gerade verschiedene Blickrichtungen den Reiz ausmachen.

Weitere Themen

Auch bei größeren Veranstaltungen bietet das Format von Aufstellungsarbeiten zu sachlichen Themen eine Möglichkeit zur gemeinsamen Diskussion. Geeignet ist ein Diskussionsstoff, der den Nerv der Zeit trifft. Hier einige Themen zu verschiedenen Veranstaltungen, jeweils im Wortlaut der Ausschreibungen, die im Rahmen des didaktischen Seminars an der Universität Freiburg von 2015 bis 2018 stattfanden:

Wie viel und welche Technik soll ins Klassenzimmer?

„Sollen auf lange Sicht unsere Schüler von Robotern individuell unterrichtet werden? Die Argumente gehen von Manfred Spitzers Warnung vor dem Digitalen („Digitale Demenz") bis zum Unterricht durch Maschinen. Provokant ausgedrückt: „Ist der Lehrer ersetzbar?" oder etwas differenzierter: „An welchen Stellen ist der Lehrer ersetzbar?" – Das Digitale gibt Anstoß für eine Diskussion eines emotional besetzten Themas."

Was ist das „richtige" Schulsystem?

„Gegenstand des Dialoges ist das Lernen. Wie sollen unsere Schüler lernen? Welche Schulform, welches Schulsystem ist am besten für das Lernen geeignet?"

Ein Dialog …

Eine weitere Möglichkeit besteht bei regelmäßigen Veranstaltungen, wie zum Beispiel einem Seminar, die Teilnehmer selbst zu befragen. Auch in der Klasse muss das Thema nicht von außen durch den Leiter vorgegeben werden. Die Diskussionsteilnehmer wissen häufig besser, worüber sie diskutieren möchten, als der Leiter. Hier die entsprechende Ausschreibung: „Der Gegenstand des Dialoges soll nicht von der Abteilung für Didaktik vorgegeben, sondern von Ihnen selbst vorgeschlagen werden. Gesucht ist ein Vorschlag, gern auch ein emotionales Thema, der unterschiedliche Standpunkte zulässt. Bitte schreiben Sie uns bis zum 12. Januar, über was Sie diskutieren bzw. wozu Sie Stellung beziehen möchten."

3.2 Orte in der sozialen Struktur – ortskodiertes Ich–Wir-Prinzip

Wenn man allein über eine Sache nachdenkt, dann hat man eine andere Sichtweise, als wenn man dasselbe Thema zusammen mit anderen betrachtet. Dinge von einem anderen Standpunkt aus zu betrachten, bringt automatisch einen Perspektivenwechsel mit sich. Und je mehr Seiten man von einem realen oder geistigen Gegenstand „kennt“, desto tiefer ist die „Kenntnis“.

Perspektivenwechsel

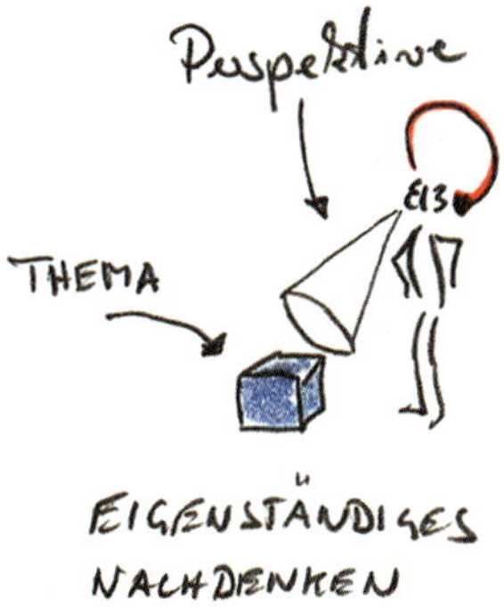

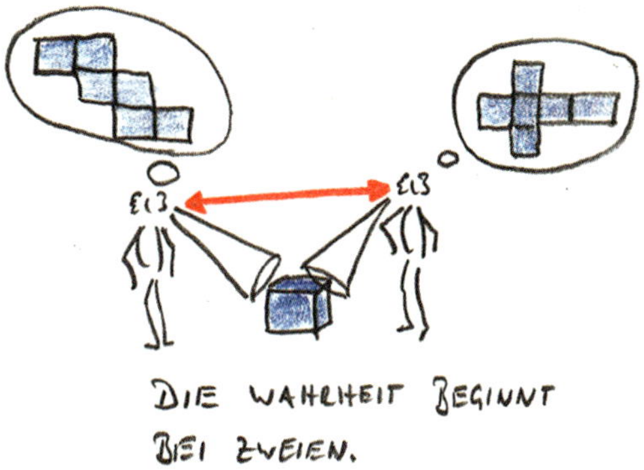

Wenn zwei oder mehr Personen einen Gegenstand betrachten, sieht jeder diesen aus einer anderen Perspektive. Es ist dann mehr Information über den Gegenstand in der Gruppe. Daher „beginnt die Wahrheit bei zweien“.
Daraus leitet sich eine Idee für das Lernen ab: Man bleibt konsequent beim Thema und ändert gleichzeitig die Sozialform, was als Ich–Du–Wir-Prinzip oder als Think–Pair–Share bekannt ist.

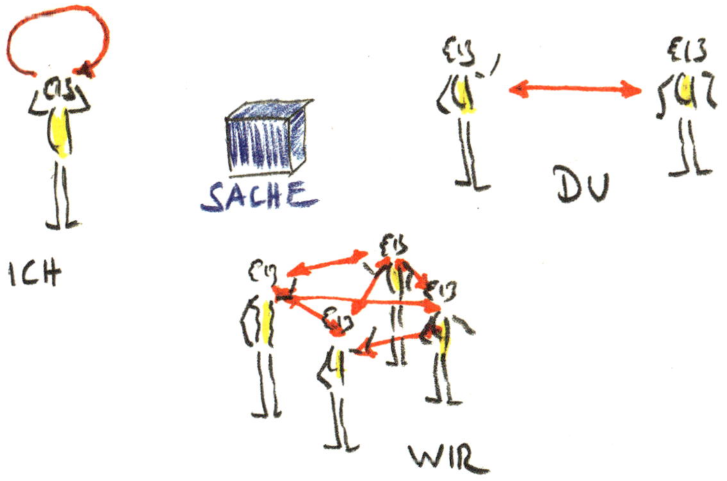

Im Folgenden wird diese Methode auf ein Ich–Wir-Prinzip eingeschränkt und gleichzeitig die Wirkung durch die Raumnutzung verstärkt.

3.2.1 Fluss in den Farbsee

Die Technik basiert auf zwei unterschiedlichen Sitzordnungen. In der Klasse bzw. Arbeitsgruppe gibt es bereits farblich kodierte Kleingruppen, sogenannte „Farbgruppen". Es gibt also eine rote Gruppe, eine grüne, eine blaue ... Die Teilnehmer sitzen vorerst ohne Gruppenzugehörigkeit im Raum verteilt. Der Leiter stellt eine komplexe Frage oder eine Aufgabe. In Stille überlegt jeder für sich ein mögliches Vorgehen. Auf ein Zeichen des Leiters wird die Gruppensitzordnung eingenommen. Die einzelnen verstreuten Farben treffen sich im „Farbsee".

Farbgruppen

In dieser Übung werden die beiden Arbeitsphasen räumlich getrennt. Das Vorgehen entspricht der Idee des Zusammenspiels von Hausaufgaben (Einzelarbeit) und Diskussion in der Gruppe, wo die Sozialform ebenfalls räumlich getrennt wird. Hausaufgaben sind also nicht einfach Aufgaben, die zu Hause erledigt werden, sondern Aufgaben, die **allein** zu Hause erledigt werden. Hausaufgaben lediglich als eine Art „Füllmenge" zu betrachten, die in den Unterricht nicht mehr „reingepasst" hat, wird dem Wechselspiel zwischen Gruppe und Individuum nicht gerecht.

Hausaufgaben

3.2.2 Gruppenpuzzle und weitere soziale Systeme

Etwas komplexer ist das sogenannte Gruppenpuzzle organisiert. Hier werden auch zwei verschiedene soziale Ordnungen kombiniert, nur dass es sich hier nicht um eine Einzel- und Gruppenphase handelt, sondern um zwei verschiedene Gruppenphasen, also um ein Wir–Wir-Prinzip.

Wir–Wir-Prinzip

„Orte" sind in erster Linie soziale Orte. Es kommt weniger auf den Tisch, den Stuhl oder den Raum an – entscheidend ist die soziale Ordnung im Raum: Wer sitzt neben wem? Für Menschen sind soziale Räume wesentlich.

Ablauf Gruppenpuzzle

Zuerst werden sogenannte Stammgruppen gebildet. Als Beispiel sollen Gruppen mit sechs (oder mehr) Teilnehmern gebildet werden. Anschließend werden sechs Themen vergeben, die innerhalb der Stammgruppe verteilt werden. Als Beispiel soll die Stammgruppe einen Film drehen.

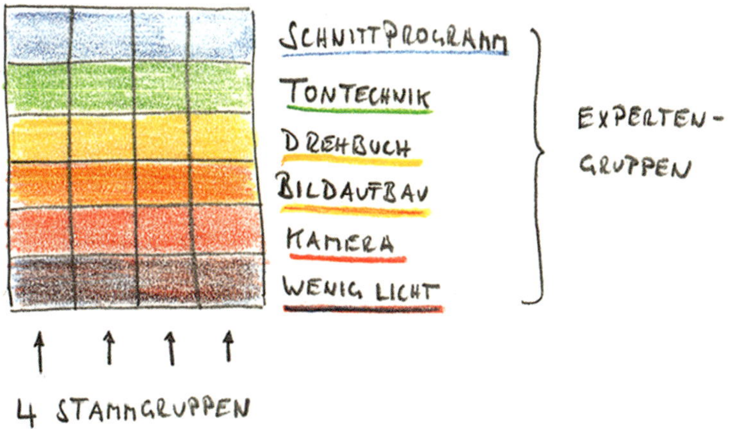

Die Themen können vom Leiter vorgegeben werden. Alternativ kann die Großgruppe im Plenum (dritte Sozialform) selbst entscheiden, was für eine Filmproduktion wichtig ist bzw. gelernt werden soll. Der Leiter definiert dabei „nur" das Ziel, etwa dass ein Film zwischen 120 und 130 Sekunden über das Thema „XY" gedreht wird.

Anschließend werden entsprechend der Themen neue Gruppen, sogenannte Expertengruppen, gebildet. Expertengruppe 1 beschäftigt sich mit Schnittprogrammen, Expertengruppe 2 mit Tontechnik … Auf diese Weise entstehen Experten, die nach einer vereinbarten Zeit wieder in ihre Stammgruppen zurückkehren. Die Idee ist, dass alle relevanten Informationen nun in der Gruppe sind.

Achtung: Die Information ist jetzt zwar in der Gruppe, jedoch kann kein einzelner Teilnehmer in direkter Weise darauf zugreifen. Es braucht Kommunikationsfähigkeit und Teamfähigkeit, damit jeder Einzelne auf die Information zugreifen kann.

Im Beispiel hat die Gesamtgruppe 24 Teilnehmer. Für andere Gruppengrößen gilt: Die Stammgruppe muss gleich viele oder mehr Teilnehmer besitzen als die Expertengruppe, damit die Information in die Expertengruppe gelangen kann. Sind die Stammgruppen unterschiedlich groß, können Experten doppelt besetzt werden. Bei 25 Teilnehmern besteht eine Stammgruppe dann aus sieben Teilnehmern mit z. B. zwei „blauen Experten".

Mehrdimensionale Gruppenstrukturen

Kleingruppen ermöglichen intensive Begegnungen. Das kann bei wenig Kontakt zum Rest der Großgruppe zu unerwünschten Verfilzungen führen. Es entsteht dann ein „Wir-Gefühl" innerhalb der Kleingruppe, nicht aber in der Großgruppe. Ist man als Leiter an einem Miteinander der Großgruppe interessiert, kann die Arbeit mit verschiedenen Kleingruppen sehr wirksam sein.

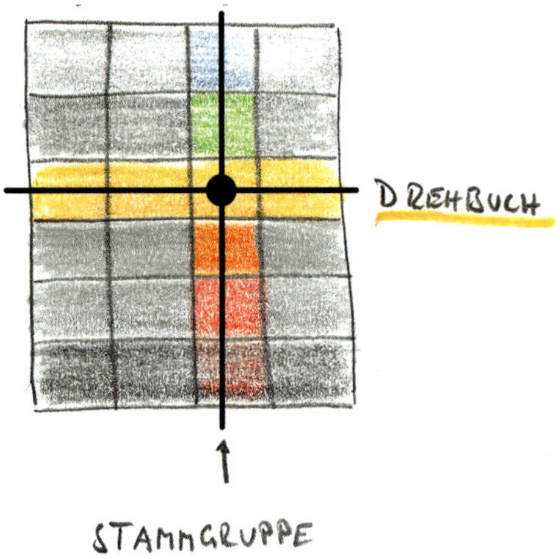

Der Organisation des Gruppenpuzzles liegt ein zweidimensionales Schema, ein Rechteck, zugrunde. Bei 24 Teilnehmern gibt es bei dieser Vernetzung genau acht Kommunikationspartner. Das sind ungefähr ein Drittel der möglichen Interaktionen,15 werden prinzipiell nicht erreicht (vgl. Abbildung).

Natürlich lassen sich durch weitere Themengruppen mehrdimensionale Gruppenstrukturen denken: Nicht nur Stamm- und Expertengruppen ergeben in einem sozialen Kontext Sinn. Darüber hinaus können Zimmergemeinschaften, Kochgruppen, Fahrgemeinschaften ... gebildet werden.

Die Gruppe übernimmt die Einteilung

Allerdings wird das recht schnell unübersichtlich und es ist zielführender, wenn nicht der Leiter die Einteilung vornimmt, sondern die Gruppe sich selbst organisiert und so in natürlicher Weise die Verantwortung für die Einteilung übernimmt.

Hilfreich ist, dass unter Berücksichtigung von Nebenbedingungen (z. B. Geschlechtertrennung bei der Zimmereinteilung, Geschlechter- und Altersmischung, wenn unterschiedliche Perspektiven von Vorteil sind ...) möglichst die zusammengehen, die sich einander maximal fremd sind. Das wirkt „Verfilzungen" entgegen. Das Entscheidende dabei ist, dass die Gruppe das Problem in der Regel besser löst als der Leiter. Schlichtweg deswegen, weil der Leiter nicht weiß, was jeder Einzelne weiß – zumindest ist das Gruppengefüge mit allen Interaktionsmöglichkeiten sehr komplex. Die Idee ist, dass der Leiter geeignete Hinweise und Anregungen gibt, die Gruppe sich jedoch selbst organisiert.

Selbstorganisation

Für manchen Leser ist das eine völlig neue Sichtweise und womöglich besteht auch Angst vor Kontrollverlust. Auch muss die eigene Rolle neu definiert werden: Der Lehrer ist in erster Linie nicht dazu da, um Wissen weiterzugeben. Vielmehr ist seine Aufgabe die des Moderators und Spielleiters, der Wachstumsprozesse innerhalb der Gruppe initiiert (vgl. hierzu auch das letzte Kapitel). Der Lehrer unterrichtet hier keine einzelnen Schüler, sondern ein System von Schülern: eine Klasse.

3.3 Skalen

3.3.1 Lineare Skalen

Waagrechte Skalen

Entlang einer Achse (z. B. Wand oder auf dem Boden) wird eine Skala angelegt. Das kann konkret mit Kreppband erfolgen oder einfach sprachlich festgelegt werden. Hier hatten Studierende unabhängig voneinander für eine Klassenarbeit den Erwartungshorizont und die Punkteverteilung festgelegt, anschließend korrigiert und eine Note festgelegt. Da alle dieselbe Klassenarbeit korrigierten, wurde darum gebeten, dass während der Bearbeitung kein Austausch untereinander stattfindet.

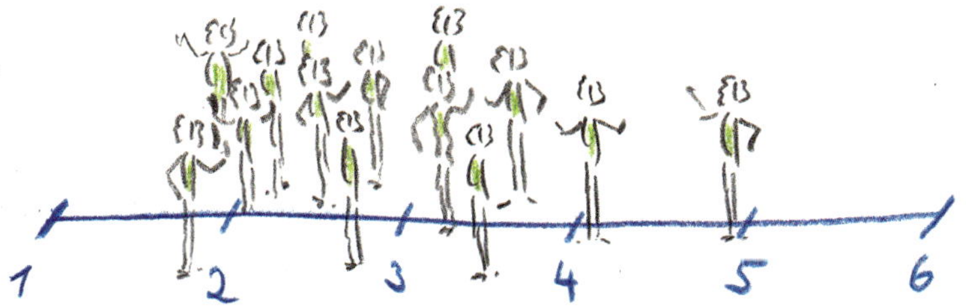

Konfrontation mit dem Ver-rückten

Wer die Klausur nach eigenem Ermessen besser als mit „Note 2“ bewertet hat, für den wirken diejenigen, die schlechter als „Note 4“ bewertet haben, ver-rückt. Die Ver-rücktheit ist symmetrisch: Wer mit „Note 4“ oder schlechter bewertet hat, wird ebenfalls „die anderen“ als ver-rückt betrachten.

Dynamische Erweiterung

Die Aufstellungsarbeit wird dynamisch in drei Phasen erweitert (vgl. hierzu auch den Abschnitt in 3.4.4 über Heimat- und Schattengebiete).

Die erste geschieht an Ort und Stelle: Jeder spricht mit dem, der ihm am nächsten ist. Hier fühlt man sich wohl, das Gegenüber hat eventuell andere Beweggründe, sich am selben Ort zu positionieren, aber prinzipiell liegt der Gesprächspartner „richtig“, einfach deswegen, weil er einem „nahe“ steht – „gleich und gleich gesellt sich gern“. Nach zwei, drei Minuten Bestärkung ist man sicher, dass man selbst „richtig“ liegt. So funktioniert Tratsch: Es gibt keine entfernten Argumente oder Einflüsse von außen, man ist umringt mit Seinesgleichen und findet Andersdenkende noch „ver-rückter“ als vorher. Hier fühlt man sich wohl, hier es gibt Sicherheit – aber man lernt wenig, weil man die Perspektive nicht wechselt und wenig irritiert wird.

entfernte Argumente

In der zweiten Phase sucht man mit Blickkontakt jemanden, der möglichst weit von einem selbst entfernt ist. Die Konfrontation mit einem Ver-rückten ist sehr lehrreich. Man erkennt, dass man bei der gleichen Fragestellung zu einem anderen Standpunkt gelangen kann. Es geht in dieser Phase nicht darum, Recht zu haben, sondern darum, die „ver-rückte“ Sichtweise des anderen zu verstehen.

Schließlich wird erneut Position bezogen. Meist verschiebt sich der Schwerpunkt der Verteilung durch die Diskussion. Hier zeigt sich eine demokratische Grundidee: Das Argumentieren, das gegenseitige Anhören und Diskutieren erweitert die Perspektive des Einzelnen und verändert das gemeinsame Miteinander.

Anwendungen von Skalen

- Schätzungen jeder Art: „Wie weit ist München entfernt?“, „Wie viel Prozent Zucker sind in einer Cola?“
- Für die Teilnehmer interessant sind persönliche Aufstellungen: „Wie häufig klingelt pro Tag mein Telefon?“, „Wie lang ist mein Schulweg?“

- Die Klasse kann sich weiter nach Körpergröße (kurz – lang), nach Schuhgröße (klein – groß) oder nach Helligkeit der Kleidung (hell – dunkel).
- Achtung: Nicht jede Aufstellung ist für jede Gruppe geeignet, z. B. eine nach Gewicht kann leicht zu einer Bloßstellung führen. Es könnte ein gewichtiger Schüler allein am Ende der Skala und damit auf der „Bühne" stehen.
- Selbsteinschätzungen, Einstellungen und Wünsche können Thema sein. Angenommen, die Klasse beschwert sich über zu viele an, Hausaufgaben, so kann eine Aufstellung, wie lange jeder Einzelne braucht, für Klarheit sorgen. Damit ist das Problem nicht vom Tisch, aber es ist für jeden sichtbar und kann angegangen werden. Auch Bereitschaften und Wünsche können transparent gemacht werden: „Wie viel Zeit bin ich bereit, täglich in die Schule zu investieren?"

Senkrechte Skalen

Die Höhe kann ebenfalls skaliert werden. Das ist vor allem interessant, wenn der Ort auf der Fläche bereits eine Bedeutung hat und zusätzlich (über die zusätzliche Dimension Höhe) etwas ausgedrückt werden soll (vgl. etwa in „Aufstellung zum Flow" weiter unten). In der Praxis haben sich folgende sechs Höhenstufen als sinnvoll erwiesen.

Dimension Höhe

Ob die Teilnehmer mit oder ohne Schuhe auf den Tisch steigen, hängt von Ihnen bzw. der Umgebung ab. Es ist auch nicht für jede Gruppe ungefährlich, auf Tischen zu stehen. Bitte beachten Sie ggf. die Verletzungsgefahr. Wenn Sie sich nicht sicher sind, dann lassen Sie das Stehen auf Tisch und Stuhl weg.

Bloßstellung vermeiden – Abtauchen

Die Höhe kann genutzt werden, um eine Bloßstellung unwahrscheinlicher zu machen. Ein Beispiel: Der Lehrer fragt Vokabeln, das große Einmaleins oder sonst etwas ab. Alle stehen zu Beginn auf dem Tisch. Weiß jemand keine Antwort, geht er eine Etage tiefer. Er wird

dann nicht drangenommen. Dann stellt der Lehrer die Frage. Falls der Befragte die Antwort nicht weiß, geht er sofort in die letzte (liegende) Position.
Es ist eine schonende Abfragetechnik, weil die Unwissenden nicht ausgestellt werden. Statt auf einer Bühne zu stehen, tauchen sie gewissermaßen ab.

Maße und Bewertungen – ein Exkurs
Bei Skalen geht es darum, ein Maß festzulegen. Die Natur an sich ist „maßlos“. Sie besteht aus beliebig vielen Dimensionen. Die „Größe“ eines Baumes dient als Beispiel.

Welches Maß wollen Sie festlegen? Wachstumshöhe, Tiefe der Wurzeln, Wachstumsgeschwindigkeit, Dicke des Stammes, Ernteertrag, Volumen des Astwerkes, Blattfläche im Sommer, Blattflächenindex (Blattfläche pro Bodenfläche, wichtige Größe bei der Berechnung von globalen Klimaszenarien) …
Damit man die Dinge bzw. Bäume einordnen kann, braucht es ein Maß. Ansonsten lässt sich eine Position nicht definieren. Offensichtlich sind Maße eindimensional. Sie erfassen nicht den gesamten Baum, sondern projizieren ihn auf eine Eigenschaft. Häufig wird einem Maß

Eindimensionalität

ein Wert zugesprochen, etwa dass gute Bäume gleichbedeutend mit hohen Bäumen sind.
Wichtig ist, dass jeder Vergleich prinzipiell auf einem Maß beruht. Maße erscheinen objektiv: Mit einem Zollstock kommt jeder auf dasselbe Maß. Man kann auch zweimal messen und kommt zum selben Ergebnis, jeder kann sich davon überzeugen. In diesem Sinne gilt das Maß. Aber es gilt die Frage: Welches der (unendlich vielen) Maße soll angelegt werden?
Was sich bei Bäumen etwas abstrakt anhört, wird im Fall der Notengebung sehr konkret. Welche Kriterien, welche Maße sollen für eine Bewertung zugrunde gelegt werden? An dieser Stelle ist es sehr schwierig, ein gemeinsames Maß festzulegen, weil jeder den Dingen andere Werte zuschreibt. Wie soll ein Schüler bewertet werden? Wer legt das Maß fest?

Notengebung

Maße festlegen
Der Leiter kann – aber muss nicht – das Maß festlegen. Das eigene Erschaffen eines geeigneten Maßes ist lehrreich. Es zwingt die Gruppe, sich auf ein gemeinsames Maß zu einigen. Wird das Maß von außen (z.B. durch den Leiter) vorgegeben, wird selten hinterfragt, ob das Maß sinnvoll ist. Wird es von der Gruppe selbst kreiert, dann hätte auch etwas anderes untersucht werden können und damit wird klar, dass die Wahl des Maßes subjektiv ist. In der Rolle des Strukturgebers können Sie unterschiedlich viel Freiheit geben: (1) Sie geben das Maß und die Skala vor. (2) Sie geben nur das Maß vor, die Skala legt die Gruppe fest. (3) Sie geben vor, dass ein geeignetes Maß gefunden werden soll.
Es ist eine paradoxe Situation für den Lehrer: Einerseits braucht und wünscht die Gruppe Freiheit zur Entscheidung, auf der anderen Seite braucht und wünscht sie eine klare Struktur (sonst ist sie überfordert). Wie viel Freiheit die Gruppe „erträgt“, ist eine situative Entscheidung des Leiters.

subjektive Wahl

3.3.2 Logarithmische Skalen
Eine lineare Skala ist bei Schätzungen, wo es um Größenordnungen geht, meist ungeschickt. Hier eignen sich exponentielle Skalen. Ein Beispiel: Wäre die Sonne so groß wie eine Kerzenflamme, so würde diese von einem Staubkorn, der Erde, in einem Meter Entfernung umkreist werden. Wie weit sind in diesem Modell die nächste Kerze oder Fackel bzw. der nächste Stern entfernt?

Wer sich für eine Antwort entschieden hat, verschränkt zum Zeichen die Arme. Es geht weiter, wenn alle Arme verschränkt sind.
Es wird sehr schnell klar, dass ein gewöhnlicher (linearer) Maßstab ungeeignet ist. Menschen schätzen in Größenordnungen. Typische Schätzungen von Gruppen (etwa 7 m, 12 m, 15 m, 20 m, 75 m, 90 m, 150 m, 220 m, 3 km, 50 km, 200 km) würden in einer linearen Darstellung ein Gedränge in der Nähe der Null bewirken. Hier hilft ein logarithmischer Maßstab:

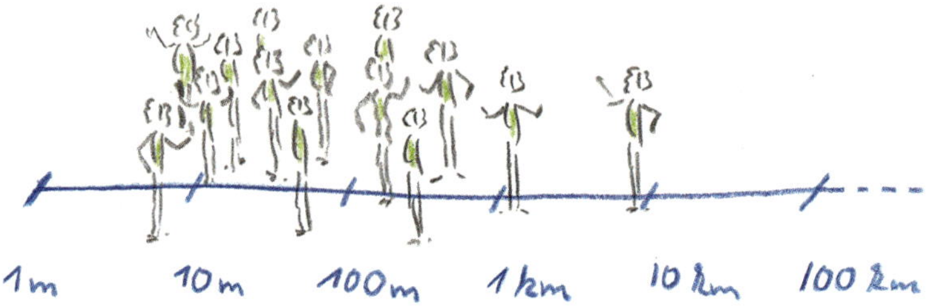

Auch hier treffen sich Gleichgesinnte am gleichen Ort. Wieder kann der Leiter dazu auffordern, bewusst „Ver-rückte" aufzusuchen, die maximal weit von einem selbst entfernt sind. Nach einem Austausch kann eine erneute Aufstellung etwaige Veränderungen aufzeigen.[18]

3.3.3 Zeitstrahl und Kalender

Zeit ist eine unsichtbare, eindimensionale Größe und lässt sich damit als Zeitstrahl visualisieren. Mit diesem wird das Unsichtbare auf eine räumliche Achse abgebildet. Das ist eine große Hilfe: Wir Menschen leben zwar in Zeit und Raum, doch tun wir uns mit zeitlichen Abläufen viel schwerer als mit räumlichen Dingen. Die Zeiger einer Uhr oder die Seiten eines Kalenders sind weitere Beispiele, die die unsichtbare Zeit ins Räumliche transformieren.

Zeitstrahl

Historische Entwicklungen können abgeschritten und sichtbar gemacht werden. Der Zeitstrahl wird z. B. durch ein Kreppband dargestellt, auf dem wichtige Daten beschriftet werden. Auch symbolische Gegenstände helfen entlang des Bandes bei der Visualisierung. So wirkt beispielsweise das Abschreiten der technischen Entwicklung in ihrer zunehmenden Rasantheit nahezu schockierend, etwa die Ge-

Visualisierung

18 Für den interessierten Leser die Antwort: Proxima Centauri ist mit ca. 4,24 Lichtjahren der unmittelbare Nachbar. Im Modell wäre er ca. 300 km entfernt.

schichte der Telekommunikation oder der Robotik (vgl. hierzu auch die Lehrgänge in Abschnitt 3.3.4).
Weitere zeitliche Themen: „Dass ich heute hier bin, hat Gründe. Wann war der erste thematische Hinweis in meinem Leben, der mich diese Veranstaltung heute besuchen lässt?" „Wann habe ich zum ersten Mal Angst vor einer Klassenarbeit gehabt?" „Wann war der stärkste Moment für mich im Mathematikunterricht in diesem Schuljahr?"

Kalender und Uhren
Eine besondere Art, Zeit darzustellen, ist der Jahreskalender. Die Ecken des Raumes werden mit einem Datum versehen und so entsteht beispielsweise ein Geburtstagskalender.

Alle periodischen Abläufe (Jahr, Woche, Tag) können in solchen „Uhren" abgebildet werden, etwa wenn ein Tagesablauf untersucht werden soll. Die Ecken werden mit 0:00 Uhr, 6:00 Uhr, 12:00 Uhr und 18:00 Uhr belegt. Eine Frage könnte etwa lauten, wann die eigene Konzentration am höchsten eingeschätzt wird. Eine andere, wer wann Geburtstag hat.

3.3.4 Rund- und Lehrgänge
Die Technik eignet sich gut für komplexe oder längere Erklärungen. Auch zeitliche Abläufe können abgeschritten werden (vgl. Zeitstrahl und Kalender in Abschnitt 3.3.3). Der Lehrer beschreitet einen Lehrgang, indem er in mehreren Etappen Erklärungen oder Hinweise auf den Boden zeichnet. Für die Umsetzung braucht es trockenes Wetter und einen mit Kreide beschreibbaren Untergrund. mehrere Etappen

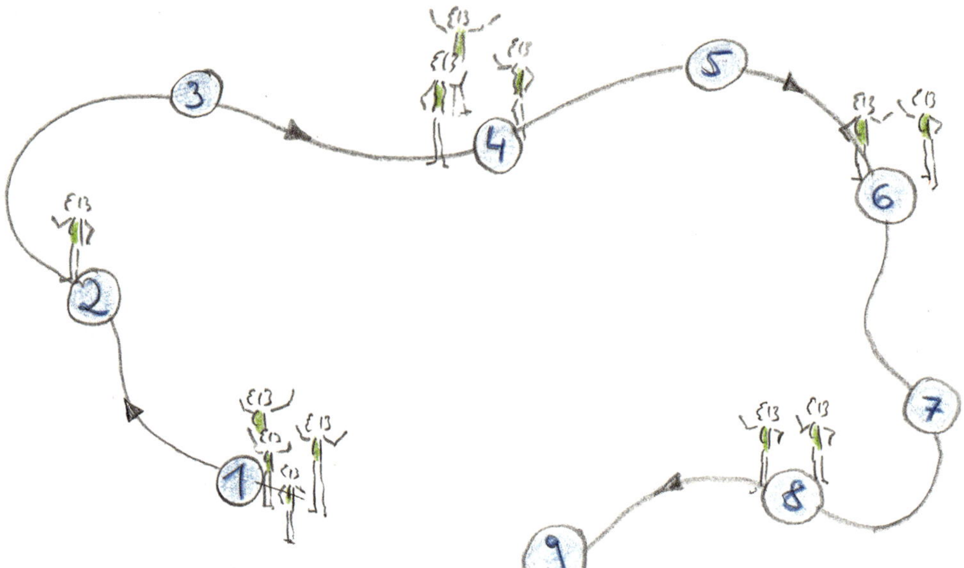

Umsetzung

Erste Runde

Mit genügend Kreide bewaffnet, hält der Lehrer einen kurzen Vortrag und schreibt die zentralen Aspekte einer ersten Überlegung auf den Boden, Station „1“ ist entstanden. Wenn es keine Fragen oder Anmerkungen von den Schülern gibt, geht es einige Meter weiter, wo Station zwei entsteht, und so weiter. Die Orte der Stationen sollten – wenn möglich – so gewählt werden, dass dieser an den Inhalt erinnert. Assoziationen erzeugen Nachhaltigkeit, man erinnert sich besser. Einem Stein, einer Pflanze, einer Ecke, einem Laternenpfahl … kann auf diese Weise eine Bedeutung zugeschrieben werden. Um den Rundgang zu schließen, sollte die letzte Station in der Nähe der ersten liegen.

Zweite Runde

Im ersten Rundgang hat im Wesentlichen der Lehrer den Takt vorgegeben. Jetzt schreiten die Schüler in ihrer eigenen Geschwindigkeit den Lehrgang ab. Dabei können sie vorwärts oder rückwärts unterwegs sein. Da jeder Schüler unabhängig von anderen die zweite Runde begeht, bleiben diejenigen an bestimmten Orten „hängen“, die an derselben Stelle Schwierigkeiten haben. Gleich und Gleich gesellt sich gern: Schwierigkeiten werden ortskodiert. Denken Sie als Beispiel an eine mathematische Herleitung. An einer bestimmten Stationen verstehe ich etwas nicht, dort verweile ich länger und treffe (in meiner Wirklichkeit) genau auf die „richtigen“ Gesprächspartner bzw. auf die, die dasselbe Interesse verfolgen.

ortskodierte Schwierigkeiten

Methodische Bemerkung

- Mit Kreide lässt sich ein individueller Rundgang gestalten. Der Aufschrieb des Lehrers kann sich individuell an Fragen und Anregungen der Schüler anpassen. Die vielleicht naheliegende Idee, die Stationen bereits fix und fertig vorzubereiten oder gar Lehrgänge für mehrere Klassen gemeinsam anzufertigen, nimmt den Charme des Unmittelbaren. Es ist in etwa der Unterschied zwischen einem persönlichen und handgeschriebenen Brief und einem vorgefertigtem Formular.

  Charme des Unmittelbaren

  Natürlich sind Gedanken über den gesamten Ablauf hilfreich, aber bei vorgefertigten Plakaten spielen die Schüler keine Rolle mehr, das Programm steht ja schon fest. Passgenaue Lehrgänge, die in der Interaktion mit den Schülern entstehen, sind die wertvollsten. Ganz allgemein haftet vorgefertigten Lernumgebungen stets etwas Maschinelles und Reproduzierbares an.

Schwierigkeiten werden ortskodiert

- Bleiben viele Schüler an einer Stelle, so wird diese bedeutsam. Je mehr Leute sich an einer Station festgebissen haben, desto größer das Problem und desto eher kommen Helfer, die das Problem auflösen.
- Der Lehrer erhält unmittelbar eine Rückmeldung darüber, an welchen Stellen welche Schüler stehen bleiben, wo für den Einzelnen schwierige Stellen sind. Die Probleme sind schüler- bzw. wirklichkeitsabhängig. Daher gibt es nicht „die schwierigen Stellen“. Jedes Bewusstseinssystem bzw. jeder Schüler hat seine individuellen Schwierigkeiten. Auf diese Weise erhält der Lehrer eine höchst differenzierte Rückmeldung über den „Lehrgang“.

Anwendungen für verschiedene Fächer

Deutsch: Buch- oder Filmbesprechung	Der Inhalt eines Buches oder Filmes kann abgeschritten werden. Die Abfolge der Stationen kann in zeitlicher Form geschehen. Dabei ist es möglich (zeitlich), parallele Wege darzustellen. Verschiedene Handlungsstränge können dadurch sichtbar gemacht werden. Wenn es Sinn ergibt, kann die zeitliche Abfolge zusätzlich skaliert werden, entsprechend geht es dann nicht „nur" darum, welche Ereignisse aufeinander folgten, notiert wird dann auch deren zeitlicher Abstand (vgl. Zeitstrahl in 3.3.3).
Geschichte bzw. Kunstgeschichte: Historische Prozesse	Geschichtliche Abläufe können begangen werden. Beispielsweise kann Hitlers Machtergreifung dargestellt werden. Die einzelnen Stationen entsprechen zentralen Daten. Parallele Entwicklungen und Einflüsse köwnnen sichtbar gemacht werden.
Mathematik: Gleichungen abschreiten	Eine Aufgabe wird auf den Boden geschrieben und schrittweise gelöst.[18] 
Komplexe Herleitungen und Beweise schrittweise verstehen.	Der Satz des Pythagoras, die Lösungsformel quadratischer Gleichungen können schrittweise begangen werden. Das Foto zeigt die Behandlung des vollkommen elastischen Stoßes. 
Wiederholung und Zusammenfassung	Vor eine Klassenarbeit oder am Ende des Schuljahres können zur Wiederholung die relevanten Themen abgeschritten werden.

19 Idee aus Martin Kramer: *Mathematik als Abenteuer,* Bd. II, Kallmeyer Verlag 2018, 5. Auflage.

3.4 Aufstellung in der Fläche

3.4.1 Landkarten

Der Boden des Raumes stellt eine Landkarte, z. B. ganz Deutschland, dar. Es wird die Himmelsrichtung „Norden" festgelegt, anschließend begibt sich jeder dorthin, wo sein Zuhause ist. Wer außerhalb Deutschlands wohnt, lehnt sich an die Grenze bzw. an die entsprechende Wand.

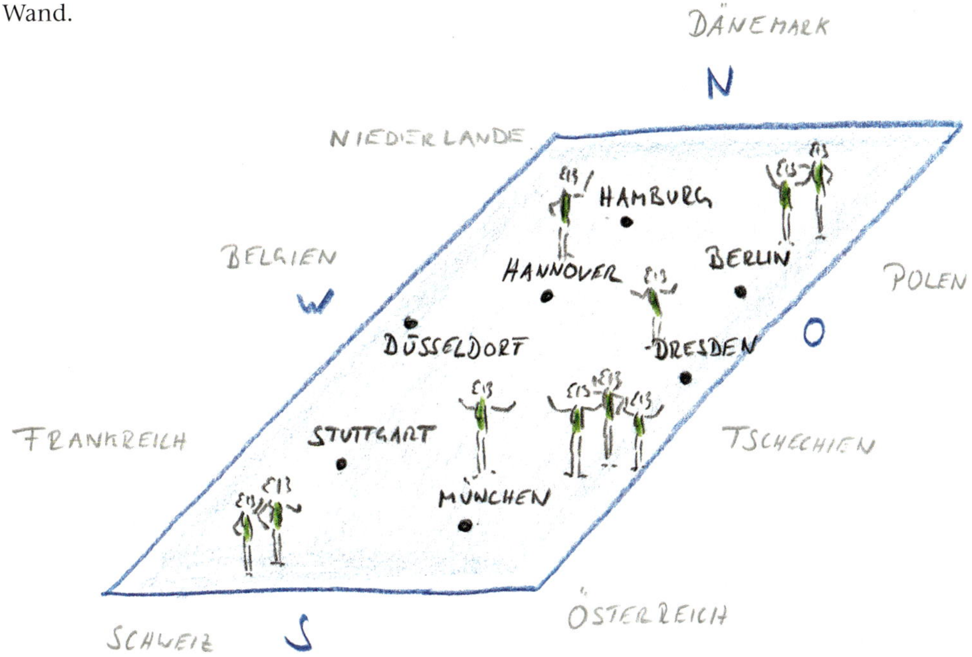

Soziale und sachliche Wirkung

Eine solche Aufstellungsarbeit ist etwas völlig anderes, als wenn man sitzt und jeder „kurz" sagt, woher er kommt. Zum einen dauert es ewig, bis jeder sich geäußert hat. Zum anderen wird durch das verbale Aussprechen der Ort nicht notiert, alle Zuhörer müssen sich das Gesagte merken. Bei einer Aufstellung hingegen kann sich jeder gleichzeitig äußern. Man muss nicht warten, bis man an der Reihe ist und die Äußerungen (Standorte) sind automatisch dokumentiert.

Ein weiterer Unterschied ist der Prozess: Menschen, die sich fremd sind, kommen unmittelbar ins Gespräch. Durch den naheliegenden Wohnort hat man schon eine Gemeinsamkeit.

Vielleicht gibt es Menschen, die sich bei einer verbalen Vorstellungsrunde die einzelnen Herkunftsorte merken können, auch wenn die Teilnehmerzahl Klassengröße beträgt. Dennoch beinhaltet die Aufstellung eine weit größere Information, als die entsprechenden Einzeldaten. Bei der Aufstellung erkennt man nicht nur die Heimat der einzelnen Personen, sondern auch, wer sich in welchem Abstand zu wem befindet – und zwar mit einem Blick! Natürlich sind in der verbalen Nennung der Städtenamen indirekt auch die Abstände enthalten, aber als Teilnehmer der Gesprächsrunde nehme ich sie nicht (direkt) wahr. Kurz: Die Daten der Herkünfte werden durch die Aufstellung visuell aufbereitet.

Anwendungen

Orte der Erfahrung

Die Aufstellung kann sich auf Erlebnisse beziehen, die verortet werden.
„Wo sind Sie zum ersten Mal dem Thema XY begegnet?"
„Wo hatten Sie zum ersten Mal die Idee für Ihren jetzigen Beruf?"
„Wo sind Sie der Liebe Ihres Lebens begegnet?"
Die Beispielfragen werden von oben nach unten immer persönlicher.

Selbstkundgabe

Bei Aufstellungen ist stets eine Selbstkundgabe enthalten. Wie viel an Persönlichem preisgegeben werden darf, hängt von der Gruppe ab und ist vom Leiter situativ zu entscheiden. Je persönlicher es wird, desto spannender empfindet die Gruppe die Aufstellung, aber desto höher ist auch die Gefahr der Bloßstellung.

Themenzentrierte Interaktion im Raum

Die Aufstellung kann mit einer Vorstellungsrunde gekoppelt werden. Besonders bei der Verortung von Sachthemen. Es müssen dabei keine Landkarten verwendet werden, die Länder oder Gebiete abdecken, es können auch abstrakte Landkarten verwendet werden (vgl. Abschnitt 3.4.2, wo ein Themenfeld aufgespannt wird). Die Aufstellung erinnert an die themenzentrierte Interaktion (TZI) von Ruth Cohn: (1) Es geht um ein bestimmtes Thema (das „Es", z. B. „Wo habe ich zum ersten Mal von dieser Sache gehört?" Oder bei einem Themenfeld: „Wo sehe ich mich in diesem Projekt?" (2) Ein persönlicher Bezug (das „Ich") wird durch Beziehen der Stellung des Einzelnen geschaffen. (3) Die gesamte Gruppe (das „Wir") steht am Ende der Aufstellung gemeinsam auf der Karte.

Fahrgemeinschaften

Als Karte wird die nähere Umgebung gewählt, sodass die jeweiligen Wohnorte dargestellt werden können. Es ist hilfreich, mit Kreppband oder Gegenständen drei bis vier zentrale Orte zur Orientierung zu markieren.

Mit einem Blick zeigt sich so die räumliche Verteilung der Mitarbeiter und es können Fahrgemeinschaften oder Kleingruppen gebildet werden.

Güterverteilung
Jeder besorgt sich zehn Stifte, die sein bisher ausgegebenes Kapital verkörpern. Auf der Karte wird das Kapital nun verortet: Wo ist welcher Anteil an Geld ausgegeben worden? Wenn im Ausland Geld ausgegeben wurde, so werden die Stifte direkt an der Wandgrenze abgelegt.

Demografischer Wandel
Weiter kann der demografische Wandel aufgezeigt werden. Jeder nimmt einen grünen, einen gelben und einen roten Stift zur Hand (Ampelfarben). Der Geburtsort wird mit dem grünen Stift markiert, der Ort der Jugend (12. Lebensjahr) mit dem gelben und der jetzige Ort mit dem roten.

3.4.2 Themenfelder aufspannen

Denken und Landkarten

Landkarten müssen keine realen Länder, Städte oder Gebiete darstellen. Der Begriff der „Landkarte" kann abstrakt verwendet werden, um Dinge zu verorten. So lässt sich beispielsweise eine Landkarte des menschlichen Körpers, einer Organisationsstruktur oder eines Wissensgebietes aufzeichnen. Beziehungen und Sozialkontakte lassen sich als Landkarte darstellen oder die Struktur von Arbeitsgemeinschaften oder dem „Innerem Team"[20].

abstrakte Landkarten

In einem konstruktivistischen Sinne kann Denken als das Entwerfen von Landkarten betrachtet werden. Wissen ist demnach „nur" eine Vorstellung von der Realität, die aber sehr hilfreich sein kann, wenn man sich in der Realität bewegen möchte. Möchte man Denken visualisieren, eignet sich daher das Kartenkonzept sehr gut.

Beispiel eines Themenfeldes
Schüler sollten im Rahmen eines MINT-Projektes Stellung beziehen. Die Natur bzw. die Dinge im Leben sind weder mathematisch, informatisch, naturwissenschaftlich noch technisch. Sie sind einfach da und das genügt den Dingen. Aber man kann sich eine spezielle Brille aufsetzen und so einen mathematischen, informatischen, naturwis-

20 Vgl. innere und äußere Aufstellungsarbeiten bei Martin Kramer: *Kommunikation sichtbar machen*, hep Verlag Bern, 2019.

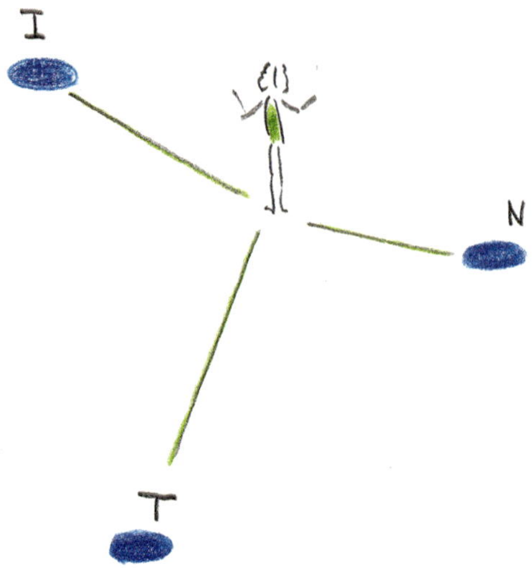

senschaftlichen oder technischen Blick bekommen. Die Brille wirkt als quasi als Filter. Folgende Übung führte ich als Kick-off für ein MINT-Projekt in Berlin durch: Auf einer Wiese markierte ich mit meinem Laptop (als Zeichen für **I**nformatik), mit einem Baum (als Zeichen für **N**aturwissenschaft) und einem Klapptisch (als Zeichen für **T**echnik) ein großes gleichseitiges Dreieck.

Alle Teilnehmer hatten über zwei Jahre in kleinen Gruppen an einem Projekt geforscht (z. B. an einem Roboter-Staubsauger, der die Wohnung erkennt und effizient saugt) oder standen unmittelbar vor der Durchführung. Jeder sollte sich überlegen, wie er sein Projekt wahrnimmt. Wer beispielsweise glaubte, dass seine Arbeit Informatik, Naturwissenschaft und Technik gleichermaßen beinhaltet, stellte sich genau in die Mitte bzw. auf den Schwerpunkt. Wer der Meinung war, dass es bei seinem Thema mehr um Informatik geht, rückte näher an den Laptop heran.

Die jeweilige Einschätzung ist subjektiv und entsprechend werden auch Gruppen, die an derselben Sache geforscht haben, unterschiedliche Ansichten haben. Sie spannen gleichsam einen Wahrnehmungsraum auf. Das Beispiel zeigt sehr gut den Gruppenvorteil unterschiedlicher Ansichten bzw. Wahrnehmungen in der Gruppe: Häufig befindet sich in der Gruppe ein Teilnehmer mit einem „ver-rückten" Standpunkt. Über diesen Ausreißer darf sich die Gruppe freuen, da er den Wahrnehmungsraum deutlich vergrößert.[21] Hier zeigt sich auch die Bedeutung einer gelungenen Streitkultur. Das gemeinsame Streiten vergrößert den Wahrnehmungsraum bzw. lotet diesen aus. Die Grenzen lassen sich selten besser als in einem fruchtbaren Streit finden. Ist eine Gruppe zu einem solchen reifen dialogischen Lernen fähig, kann sie mit verschiedenen Ansichten umgehen, wird sie hervorragende Lösungen erzielen.

Wahrnehmungsraum

21 Natürlich ist irgendwann die Grenze erreicht. Ist ein Teilnehmer so weit „ver-rückt", dass er, um im Bild zu bleiben, weder die anderen Teilnehmer sieht noch von Ihnen gesehen wird, ist eine Zusammenarbeit nicht mehr möglich.

Von der Gruppe zum Team

Aufstellungsarbeiten zur Teamfindung benötigen einen Coach, einen systemischen Berater, der einen äußeren Blick auf Team und Leitung wirft. Wenn Sie Leiter einer Arbeitsgruppe sind, empfehle ich, keine Aufstellungen zu Themen „Wo sehe ich mich persönlich im Team?“, „Welche Rolle spielt wer?“ selbst durchzuführen, da Sie als Chef ein wichtiger Teil der Arbeitsgruppe sind!

Dennoch können Sie als Leiter auf der Sachebene an der Teambildung in Richtung Strukturierung und Vernetzung arbeiten. Gerade in Betrieben trifft man sehr häufig auf Mitarbeiter mit ausgezeichneten Fähigkeiten, die in ihrem Teilgebiet gute Arbeit leisten – jedoch nichts oder wenig von den anderen Teilgebieten wissen. Kurz: Man trifft auf gute Einzelkämpfer aber schlechte Teamspieler.

Angestrebt wird bei der Teambildung, dass jeder einzelne Mitarbeiter selbst weiß, wo er sich im Kontext eines Projektes oder der Arbeitsgruppe befindet. Ich habe es noch nie erlebt, dass die Arbeitsgruppe keine Aha-Erlebnisse hatte, aber ich erlebe fast bei jeder Beratung, egal, ob Schüler, Kursteilnehmer oder Arbeitsgruppen, dass zuvor jeder dachte, er wisse, wo die anderen stehen.

Aha-Erlebnisse

Netzwerk sichtbar machen

Hierzu werden Sachaspekte symbolisch im Raum aufgestellt. Die ganze Arbeitsgemeinschaft stellt ein Gebiet aus Fähigkeiten und Verantwortlichkeiten dar, die miteinander vernetzt sind.

Zentrale Sachaspekte werden durch den Leiter durch Gegenstände symbolisch markiert. Zum Beispiel „Entwicklung“ durch eine Pflanze, „Kundenbetreuung“ durch eine Krawatte und „Finanzierung“ durch einen Geldschein. Drei Fixpunkte zur Orientierung ermöglichen eine widerspruchsfreie Platzierung. Es können aber auch weitere Orte definiert werden. Wichtiger als die exakte Positionierung sind die Äußerungen der Mitarbeiter, wo sie sich selbst sehen. Interessant sind die Netzwerkstrukturen. Wer steht in Verbindung mit wem und wer bekommt etwas Bestimmtes nicht mit?

Die Aufstellung bringt zwei Ergebnisse: Erstens sieht jeder, welche Bereiche wie gut personell abgedeckt sind und zweitens weiß jeder, an welcher Tür er klopfen muss, wenn er ein Problem beim Thema XY hat. Achtung: Die positive Wirkung einer solchen Aufstellung lässt sich nicht durch eine virtuelle Plattform erfahren. Die entscheidenden „Daten“ lassen sich – wie alle Fragen zur Zusammenarbeit und Beziehung – nicht per E-Mail erreichen. Es braucht zur Verortung das „Vor-Ort-Sein“. Kurz: Mit technischen Mitteln lassen sich technische

Themen aber keine Teamarbeit erreichen. Es wird nie einen virtuellen Kollegenausflug geben, auch wenn das günstiger wäre.

3.4.3 Die Gruppe erstellt die Landschaft

Bei einer Aufstellungsarbeit muss die „Landkarte" oder das Themenfeld nicht von außen, durch den Lehrer oder den Spielleiter, vorgegeben werden. Die Gruppe kann selbst eine Landschaft entwerfen: Das Spielfeld, auf dem die Gruppe sich bewegt, ist durch sie selbst entstanden.

Riemann-Thomann

Das Vorgehen orientiert sich am Riemann-Thomann-Modell (vgl. die Einführung in Abschnitt 3.4.4, speziell Nähe und Distanz), zuerst erstellt jeder für sich allein ein Plakat (einen Standpunkt), anschließend entsteht nach dem Zug-um-Zug-Prinzip auf dem Boden eine Themenkarte, die im Anschluss begehbar ist.

Konkrete Umsetzung

Am Beispiel eines Dozententreffens wird die Umsetzung aufgezeigt. Das Ziel des Treffens war, dass jeder einen Gesamtüberblick über das von allen Dozenten aufgespannte Bildungsangebot („Bildungslandschaft") erhält und sich gleichzeitig darin positioniert. Ebenso sollten sich die Leiter gegenseitig kennenlernen.

Distanzphase

Jeder Teilnehmer erhielt einige Tage vor der Aufstellung folgendes Schreiben:

„Am Freitag wird das Bildungssystem, bestehend aus den einzelnen Kursen/Seminaren/Bausteinen, vorgestellt. Hierzu entwerfen Sie bitte im Vorfeld ein Plakat, auf dem Ihr Baustein/Ihre Bausteine so vorgestellt sind, dass die grobe Struktur innerhalb von 15 Sekunden für einen Uneingeweihten verständlich wird. Pro Ausbildungstag bitte ein DIN-A4-Blatt verwenden, sodass die Größe des Plakates dem zeitlichen Seminarumfang entspricht. Der dreitägige Kurs, Unterricht ist Kommunikation, könnte mit drei DIN-A4-Blättern als Plakat so gestaltet sein:

Man muss in 15 Sekunden nicht alles verstehen und lesen können, aber ein grober Überblick sollte möglich sein. Diese Plakate werden hinterher verwendet, um die gesamte Welt des Projektes vorzustellen. Die einzelnen Plakate entsprechen den Bausteinen bzw. den Lernfeldern. Bilder auf den Plakaten sind hierbei sehr, sehr hilfreich. Sie können auch gern passende Gegenstände dazulegen. Bedenken Sie, dass jeder im Raum ca. 40 Plakate zumindest in groben Zügen erfassen soll. Schritt für Schritt werden die Plakate vorgestellt und positioniert, sodass eine Bildungslandschaft entsteht."

Die einzelnen Plakate werden zu Orten in der Landschaft. Mindestens ein konkretes Beispiel sollte vom Leiter gegeben werden. So wird die 15-Sekunden-Regel anschaulich, man bekommt eine grobe Vorstellung, was mit „Bilder auf den Plakaten" gemeint ist und die Plakatgröße ist definiert. Es wirkt komisch, wenn neben winzigen „Postkarten" riesige „Plakatböden" ausgerollt werden.

Zug-um-Zug-Prinzip

Zu Beginn der Aufstellung geht jeder in einem leeren Raum zur Wand. Auf diese Weise entsteht eine (noch) leere Bühne. Ein Freiwilliger beginnt und platziert sein Plakat an einer für ihn sinnvollen Stelle im Raum und stellt es kurz vor. Als Leiter achten Sie bitte auf das „kurz", dass je nach Kursleiter sehr lang werden kann. Beispielsweise kann durch die Brenndauer eines Streichholzes die Redezeit begrenzt werden. Ist das Streichholz erloschen, erlischt auch die Rede.[22]

Ein zweiter Freiwilliger überlegt sich den Ort für sein Plakat. Je nachdem, wie nahe sich die beiden Themen stehen, wird der Abstand vom „Aufsteller" gewählt. Gelegte Plakate werden nicht mehr verrückt. (In speziellen Fällen kann das auf Nachfrage an den Besitzer und durch den Leiter geschehen). Wieder gibt es eine kurze Vorstellung des Inhaltes. Entsprechend geht es weiter.

Auf diese organische Weise entsteht Zug-um-Zug eine Themenkarte, hier eine Ausbildungslandschaft, die sich selbst strukturiert hat.

22 Die Streichholzidee habe ich bei Dr. Ernst Fritz-Schubert („Schulfach Glück") kennengelernt.

Das Zug-um-Zug-Prinzip regelt bei der Vorstellung die Aufmerksamkeit: Es steht immer nur einer auf der Bühne. Bei den Aufstellungsarbeiten, die ich gesehen habe, ist es gar nicht so entscheidend, was genau der Inhalt der Vorstellung ist. Im Wesentlichen stellt sich die Person (über den Inhalt) vor.

Nähephase: Begehen der Ausbildungslandschaft
Zwei Drittel der Gruppe, die „Besucher“, bleiben am Rand des Raumes stehen, das letzte Drittel, im Folgenden „Aussteller“ genannt, geht zu seinem Plakat und beantwortet alle Fragen. Die Besucher können sich frei im Raum bewegen, Plakate lesen, zu einem Aussteller hingehen, mit ihm sprechen, diskutieren, Fragen oder einfach seinen Äußerungen lauschen. Manchmal entstehen Einzelgespräche, mitunter trifft sich eine ganze Gruppe an einem Ort.

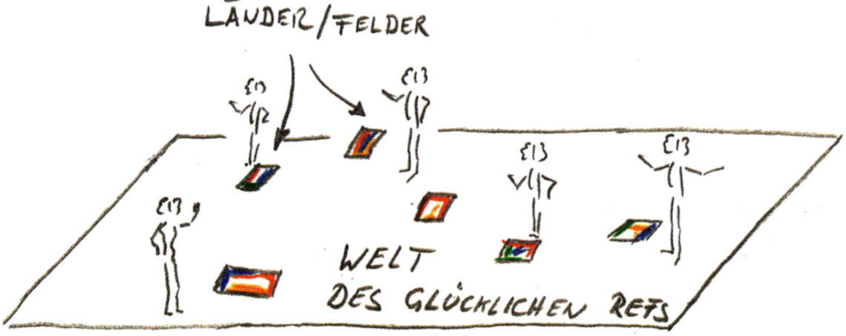

Nach fünf bis zehn Minuten kommen neue Aussteller an die Reihe. Am besten geschieht das dadurch, dass die alten Aussteller die neuen aussuchen bzw. definieren. Nach drei Runden ist die Begehung beendet. Ist man als Leiter daran interessiert, dass die Teilnehmer untereinander möglichst viel Kontakt haben und sich so kennenlernen, ist eine Aufteilung in zwei Untergruppen besser, da hier die Wahrscheinlichkeit für Einzelgespräche am höchsten ist. Wenn es kleine Vorträge wie auf einem Markt geben soll, dann sind drei oder noch mehr Ausstellergruppen sinnvoll.

Weitere Anwendungen und Alternativen

Vorbereitung einer Klassenarbeit
Vor einer Klassenarbeit schreibt jeder auf vier DIN-A4-Blätter jeweils einen Inhalt, visualisiert mit einem Bild. Nach dem Zug-um-Zug-Prinzip wird abgelegt. Auf diese Weise entsteht eine Wissenslandschaft im Klassenraum.

Bei der Aufstellung geht jeder zu dem Thema, das er am besten kann. Die Klasse soll sich merken, wer wo steht, damit hinterher nachgefragt werden kann (die Aussteller werden in die Verantwortung genommen). Anschließend geht jeder zu dem Ort, wo er lernen möchte. Das kann die Stelle sein, wo er am schlechtesten „aufgestellt" ist, aber das ist nicht zwingend. Gesucht ist die Stelle, wo der meiste Entwicklungsbedarf ist. Weiter kann gefragt werden: „Was denkt ihr, ist vom Inhalt her der schwierigste Gegenstand?", „Was ist der wichtigste Inhalt?" oder „Was könnte weggelassen werden?".

Entwicklungsbedarf

Die Aufstellung kann einerseits für den Lehrer eine Analyse seines Unterrichts sein, er kann durch die Landschaft gehen und Fragen beantworten, es können Karten weggenommen werden, die nicht geprüft werden usw. Er sieht, was von wem gut verstanden worden ist. Andererseits können „reife" Gruppen die Aufstellung nutzen, um sich gegenseitig zu helfen. Das ist – vorausgesetzt, die Gruppe ist teamfähig – wesentlich effektiver, als wenn der Lehrer alles Unklare erklärt. Erstens, weil bei einem Lehrervortrag immer alle zuhören müssen, egal, ob sie es interessiert oder nicht, zweitens, weil durch das Erklären selbst gelernt wird und drittens, weil die Erklärung in Schülersprache erfolgt und der Lernende sich nicht erst überlegen muss, was der Lehrer mit dieser oder jener Aussage gemeint haben könnte. Allerdings hat der Lehrer bei diesem Design des Wissenswachstums wenig Kontrolle.

Auswahl von gemeinsamen Projekten

Die Klasse soll sich unter vielen möglichen Projekten für eine bestimmte Anzahl entscheiden, die anschließend umgesetzt wird. Im Vorfeld überlegt sich jeder ein Thema, welches er dann der Klasse mit einem Plakat vorstellt und im Raum passend zu den bereits gelegten Themen platziert. Durch diese Vorstellungsrunde entsteht „Zug-um-Zug" (vgl. das Beispiel mit der Dozentenversammlung oben) ein Möglichkeitsraum, in dem anschließend jeder Stellung bezieht: Jeder geht zu dem Ort (Plakat), welcher ihn jetzt am meisten anspricht. Es können auch Orte zwischen zwei Themen eingenommen werden. Da jeder im Raum die Verteilung sieht, ist die Aufteilung bzw. die Entscheidung für eine bestimmte Anzahl von Themen meist einfacher.

Erweiterung: Subjektives Bewerten in der Landschaft

Die „Landschaft" (die Plakate am Boden) kann mit Münzen, die als Stellvertreter fungieren, subjektiv bewertet werden. Damit ist der einzelne Schüler nicht gezwungen, sich für eine einzige Position zu entscheiden. Zum Beispiel wurden im oben beschriebenen Fall des Fortbildungsangebotes eventuelle Teilnehmer gefragt, welche Kurse für sie persönlich wertvoll sind. Jeder bekam zehn Ein-Cent-Stücke und gewichtete damit die Landschaft. Es können auch mehrere Münzen auf einen Ort gelegt werden, insgesamt dürfen jedoch nur die zehn verteilten Münzen gelegt werden. Aus der Verteilung erhält man eine Übersicht über die Wunschvorstellung der Teilnehmer.

Wunschvorstellung

Achtung: Mitunter werden vom Leiter solche Verteilungen ausschließlich als Appell angesehen, etwa im Sinne eines Arbeitsauftrages. Das ist nicht gemeint. Es geht darum, einen Einblick in die Vorstellungs- und Wunschwelt der Teilnehmer zu bekommen (Selbstkundgabe) und sich davon anregen zu lassen. Aber die Entscheidung liegt stets beim Verantwortlichen und das ist in der Regel der Leiter. Es kann durchaus sein, dass die Wunschvorstellung am Ziel vorbei geht.

Bewerten des Verständnisses

Eine weitere Möglichkeit ist das Bewerten des eigenen Verständnisses zu einzelnen Themen einer Unterrichtseinheit. Die Münzen werden dann auf einer Wissenskarte (wie oben skizziert) verteilt. Je besser das eingeschätzte Verständnis, desto mehr Münzen werden auf eine Stelle gelegt. Auch die Gegenfrage ist möglich: Wo fühle ich mich am unsichersten? Wo habe ich am meisten Bedarf? Weiter gehört die „Wachstumsfrage“ mit zu den wichtigsten Fragestellungen überhaupt: „An welcher Stelle kann ich mich am meisten entwickeln?“

Eine Bemerkung aus systemischer Sicht: Die letzte Frage verlässt die Idee der Vollständigkeit. Es geht nicht darum, irgendwelche Lücken zu stopfen, damit alles möglichst gleichmäßig begangen wurde und damit abgehakt werden kann. Es geht darum, das Wachstumspotenzial zu maximieren. Das kann an der Stelle sein, die ich am besten verstanden habe. Menschen entwickeln sich fast immer dort, wo sie talentiert sind. Die Schule tendiert häufig dazu, Schüler zu Themen zu zwingen, die sie nicht können. Vielversprechender ist der Ansatz, die Sache so wachsen zu lassen, dass schlussendlich auch das Gebiet, welches anfangs unbeliebt war, begangen wird – weil es mit dem eigenen Thema zu tun hat.

3.4.4 Aufstellungen im Achsenkreuz

Koordinatensystem

Landkarten zeigen Längen- und Breitengrade an. Lässt man die „Karte“ weg, so bleibt nur noch das Raster übrig: das Koordinatensystem. Die gezeigten Aufstellungen stellen eine Form des Feedbacks für Lehrer und Schüler dar. Wie erlebt die Gruppe den Unterricht bzw. die

Fortbildung? Im Gegensatz zu Fragebögen erhält nicht nur der Leiter Rückmeldung, sondern jeder im Raum sieht, wer wie zu der Sache steht. Bitte achten Sie darauf, dass keine Bloßstellung Einzelner geschieht und dass der Fokus stets auf die Sachebene gerichtet bleibt. Der Abschnitt beginnt mit Beispielen aus der Mathematik, auch wenn ich weiß, dass es Leser gibt, die diese gern umgehen. Doch dort lässt sich die Vorgehensweise am natürlichsten und sachlichsten zeigen.

Fokus: Sachebene

Koordinatensysteme

Jeder Schüler kann einen Punkt in einem Koordinatensystem darstellen. Die Koordinaten können dabei doppelt dargestellt werden. Einmal durch den Ort (Aufstellungsarbeit) und mithilfe der Hände („Gebärde", Äußerung über den Körper), etwa, dass die linke Hand die x-Achse verkörpert und entsprechend viele Finger anzeigt und die rechte entsprechend die y-Achse.

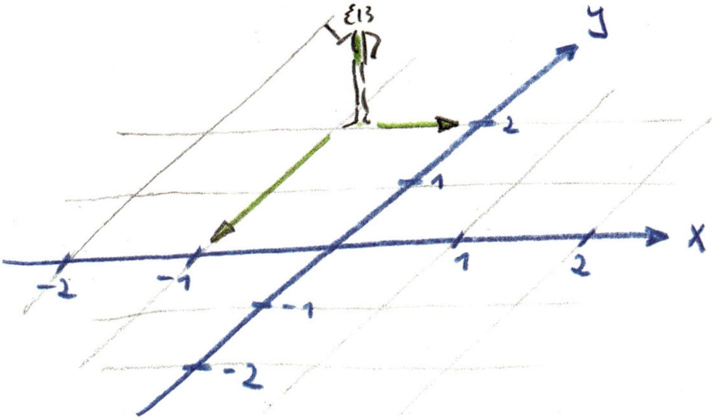

Aufstellungsarbeit: Koordinaten lernen

Alle Schüler nehmen Punkte ganzzahliger Koordinaten ein. Damit jeder weiß, dass er richtig steht, wird kontrolliert: Jeder hält seine linke Hand hoch und zeigt mit seinen Fingern seine x-Koordinate an. Der Vorder- und Hintermann sollte jetzt dasselbe anzeigen. Entsprechend wird die y-Achse kontrolliert, jetzt mit dem Blick nach links und rechts. Ein Freiwilliger nennt die Koordinaten eines „Punktes", z. B. (–1 | 2). Wer die Antwort weiß, verschränkt zum Zeichen die Arme. Auf ein Zeichen des Freiwilligen wird auf den „Punkt" gezeigt. Dieser wird jetzt zum Aufgabensteller.

Wichtige Bemerkung zur Systemkontrolle

systemeigene Fehlerkorrektur

An dieser „Kontrolle" lässt sich sehr gut die Mächtigkeit von Aufstellungsarbeiten und der systemeigenen Fehlerkorrektur zeigen. Klassisch würde der Lehrer als Prüfer herumgehen und bei jedem Schüler die angezeigten Koordinaten kontrollieren. Das ist einerseits in der Praxis ungeschickt, da – wenn er pro Hand eine Sekunde benötigt und eine Klasse ca. aus 60 Händen besteht – jeder Schüler eine Minute stillstehen muss, ohne dass etwas passiert, ohne das er selbst etwas tun kann. Wie eine Maschine soll er einfach stillstehen – und das wird er nicht. Zweitens übernimmt der Lehrer die Rolle des Prüfers und damit auch die Verantwortung.

neue Lehrerrolle

Ganz anders geschieht die Kontrolle im Beispiel: Hier prüft sich das System selbst. Diese Prüfung ist viel effizienter, schneller und weniger fehleranfällig. Die Grundhaltung, dass sich das System (hier die Klasse) selbst prüft, bedeutet einen radikalen Wandel im Verständnis von Lernen und Lehren. Dem Lehrer wächst eine andere Rolle zu: Ohne ihn würde keine Hand nach oben gehoben werden und es würde keine Kontrollblicke zu den Seiten geben – aber er selbst kontrolliert nicht. Er schafft „nur" eine Struktur, in der das System effektiv lernt. Das gilt nicht nur für die „Kontrolle", sondern ebenso für das gegenseitige Abfragen an sich. Nicht der Lehrer stellt die Aufgaben, sondern die Schüler selbst. Wenn die Abfrage („Zeigt bitte auf die Person, die auf der Koordinate (3 | –2) steht.") ein Schüler stellt, sieht der Lehrer zusätzlich an der Fragestellung und nicht nur an der Antwort, wo der Schüler gedanklich steht.

Die Herangehensweise gilt für alle Aufstellungsarbeiten, jedoch lässt es sich an diesem Beispiel deutlich zeigen.

Weitere Aufstellungsarbeiten zu funktionalen Zusammenhängen[23]

- Symmetrieübung: Was bewirkt die Vertauschung von x- und y-Koordinaten?
- Darstellung von Schaubildern: Da Schaubilder von Funktionen aus Punkten bestehen, können diese und deren Spiegelungen und Verschiebungen dargestellt werden. Beispielsweise entsteht das Schaubild zur Funktion $f(x) = x^2 - 2$ indem jeder Schüler zwei Schritte in negativer y-Richtung geht.
- Schnittpunkte mehrerer Funktionen können realisiert werden, ebenso die Steigungen (ausgestreckte Arme bilden die Tangente).

23 Eine ausführliche Darstellung findet der mathematisch interessierte Leser in: Kramer, Martin: *Mathematik als Abenteuer*, Bd. III, Klett-Kallmeyer Verlag.

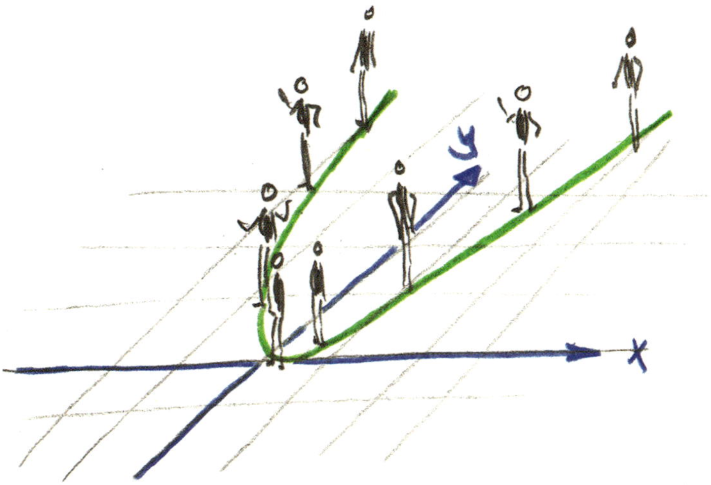

Dreidimensionale Koordinatensysteme

Eine Raumecke kann als dreidimensionales Koordinatensystem genutzt werden. Punkte werden durch Köpfe dargestellt. Damit kann Mathematik, z. B. die Vektorrechnung[24], lebendig werden.

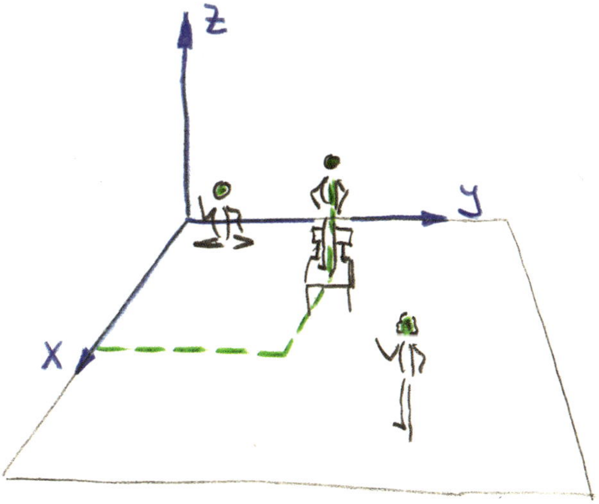

In dem folgenden Beispiel wird die Punktmenge $\vec{p} = \begin{pmatrix} 2 \\ 3 \\ 2 \end{pmatrix} + t \cdot \begin{pmatrix} -\frac{1}{2} \\ \frac{1}{2} \\ -\frac{1}{4} \end{pmatrix}$ dargestellt.

24 Vgl. Kramer, Martin: *Mathematik als Abenteuer*, Bd. II, Klett-Kallmeyer, 5. Aufl., 2018, S. 310 ff.

Wie könnte diese aussehen? Handelt es sich um eine irgendwie geschwungene Linie, eine Fläche oder ein bestimmtes geometrisches Objekt? Hat jeder Schüler eine Vermutung (Arme verschränken), erhält jeder ein individuelles festes „t“ und stellt sich auf seinen errechneten Punkt.[25]

Die Aufstellung zeigt die Lösung: Die Punktmenge ergibt eine Gerade. Mit einem Blick können Rechenfehler (Abweichungen von der Geraden) erfasst werden.

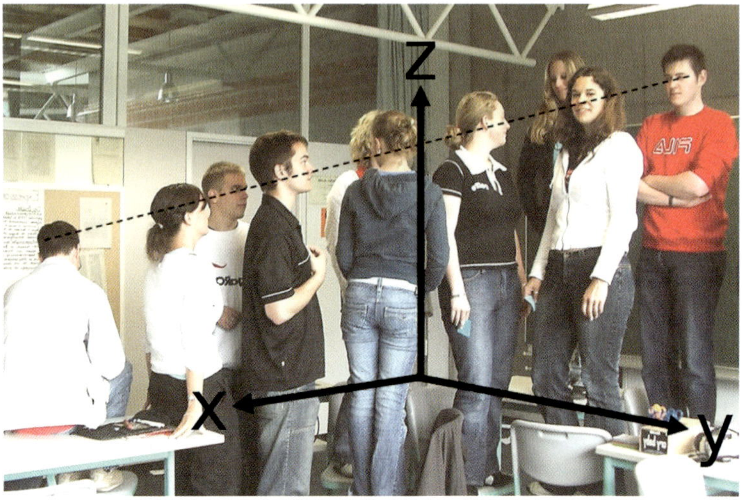

Flow – Feedback

optimales Arbeiten

Flow bezeichnet einen Zustand, in dem optimales Arbeiten möglich ist. Hier ist der Mensch weder unter- noch überfordert. Das Zeitempfinden, das Gefühl, etwas „Abzuarbeiten“, hört auf. Man ist ganz und gar im Flow, im Fluss.

Wichtig ist, das Thema sehr scharf einzugrenzen. Je allgemeiner dieses gefasst wird, desto größer ist die Gefahr der Bloßstellung. So ist es gut zu ertragen, wenn ich Schwierigkeiten in den letzten beiden Mathematikstunden hatte. Schwieriger ist es, wenn ich unfähig war, den letzten Monaten zu folgen oder prinzipiell Mathematik schwierig ist. Oder noch schlimmer: Wie ich Schule generell erlebe – dann bin ich nämlich ein „unfähiger Schüler“ oder gar ein „unfähiger Mensch“.

25 Zum Beispiel errechnet sich der Schüler mit dem Parameter $t = 4$ seine Koordinaten (Ortsvektor) zu $\vec{p} = \begin{pmatrix} 2 \\ 3 \\ 4 \end{pmatrix} + 4 \cdot \begin{pmatrix} \frac{-1}{2} \\ \frac{1}{2} \\ \frac{-1}{4} \end{pmatrix} = \begin{pmatrix} 2 \\ 3 \\ 2 \end{pmatrix} + \begin{pmatrix} -2 \\ 3 \\ 2 \end{pmatrix} = \begin{pmatrix} 0 \\ 5 \\ 1 \end{pmatrix}$

Ergo: Keine generellen Aussagen, sondern immer nur im Hier und Jetzt zu konkreten Dingen Stellung beziehen. Morgen ist ein anderer Tag, es geht nur um das aktuelle Empfinden!

Aufstellung als Feedback

Thema ist die letzte Mathematikstunde. Mit Kreppband werden die Achse „Fähigkeiten“ und senkrecht dazu die Achse „Anforderungen“ gespannt. Jeder Schüler überlegt für sich, wo er sich im Vergleich zu anderen Themen und Fächern sieht.

Zusätzlich zu den Achsen kann der „Flowkanal“ markiert werden. Seine obere Grenze ist die Überforderung, seiner untere die Unterforderung.

Das Ziel ist eine Arbeitsatmosphäre, wo alle Schüler im Flow stehen.

Hilfreiche Fragen

Klassisch wird häufig davon ausgegangen, dass der Lehrer für den Flow zu sorgen hat. Das ist jedoch eine unmögliche Aufgabe, aus zwei Gründen: Erstens ist es eine Überforderung für jeden (!) Schüler, ein individuelles Lernprogramm zusammenzustellen und zweitens kennt niemand seine Überforderung oder Unterforderung besser, als der betreffende Schüler selbst. Hier setzt ein Paradigmenwechsel an: Der Lehrer ist nicht dazu da, die Lösung für den Schüler zu finden. Der Profi der individuellen Probleme ist der Schüler selbst. Aufgabe des Lehrers (und die der Mitschüler) ist es, die „richtigen“ Fragen zu stellen, sodass der Schüler selbst eine Lösung findet.

Hilfreich sind W-Fragen dieser Art:

- „Was würde dir helfen, um dem Flow-Kanal einen Schritt näherzukommen?“
- „Was brauchst du, damit du weniger überfordert bist? Was kann dir da eine Hilfe sein?“

Auch sogenannte *systemische* Fragen können wichtig sein. Dabei wird der Betreffende nicht direkt gefragt, sondern „übers Eck“:

- „Was meinst du, was Felix dir empfehlen würde?“
- „Wenn ich die Klasse jetzt fragen würde, was dir bei einer Unterforderung helfen könnte, was würde sie vermutlich antworten?“ (An eine anschließende reale Nachfrage an die Klasse ist nicht gedacht, kann aber auf Wunsch des Betreffenden geschehen.)

Die grundlegende Idee der Hilfestellung ist, dass diese nicht von außen (z. B. durch den Lehrer) kommt, sondern dass das System selbst die Kraft zur Entwicklung besitzt. Dabei ist die Aufgabe des Lehrers, Verborgenes sichtbar zu machen, damit die Schüler eigenständig sehen und selbst wachsen können. Anders formuliert: Die Schüler brauchen keinen Lehrer, der ihnen zeigt, wie es geht. Sie brauchen jemanden, der ihnen die Möglichkeit zur eigenen Selbstbetrachtung gibt.

Lehrerrolle

Erweiterung
Das Koordinatensystem kann um eine senkrechte Achse erweitert werden, welche beispielsweise die Befindlichkeit anzeigt. Je nachdem, wie wohl es dem einzelnen Schüler ist, sitzt er auf dem Boden (= „mir passt das so nicht“) bis aufrecht stehend (= mir geht es optimal). Es ist ein hübscher Vergleich mit Wachstum möglich: Es geht nicht darum, möglichst exakt im Flow-Kanal zu sein, es geht darum, zufrieden und glücklich mit sich selbst zu sein. Interessanterweise korreliert Glücksempfinden mit Leistungsfähigkeit.

Grundstrebungen des Menschen: das Riemann-Thomann-Modell

Kurze Einführung des Modells
Nach dem Riemann-Thomann-Modell[26] trägt jeder Mensch vier Grundstrebungen in sich. Zum einen strebt er nach Dauer und Sicherheit (unten), zum andern nach Wechsel und Veränderung (oben).[27] Diese sind entgegengesetzt angeordnet und zeigen die Paradoxie der sich auf den ersten Blick widersprechenden Strebungen an. Die waage-

26 Eine ausführliche Darstellung findet der interessierte Leser in: Schulz von Thun, Friedemann: *Miteinander reden,* Bd. 3, Rowohlt Verlag.

27 Üblicherweise wird das Riemann-Thomann-Modell umgekehrt dargestellt. Dauer ist oben, Wechsel ist unten. Wenn man die Anschaulichkeit von Goethe mit Wurzeln und Flügeln darüber legt („Zwei Dinge sollen Kinder von ihren Eltern bekommen: Wurzeln und Flügel.“), erscheint es mir organischer, die Dauer zur Wurzel nach unten zeigen zu lassen, und den Wechsel zu den Flügeln. An der Bedeutung des Modells ändert sich nichts.

rechte Achse zeigt einerseits das Streben nach Distanz, nach Abgrenzung und Ich-Zentrierung an, andererseits das Streben nach Nähe, Geborgenheit und Zugehörigkeit. Das ist eine zweite Paradoxie: Wir Menschen sehnen uns nach Nähe und gleichzeitig nach Distanz.

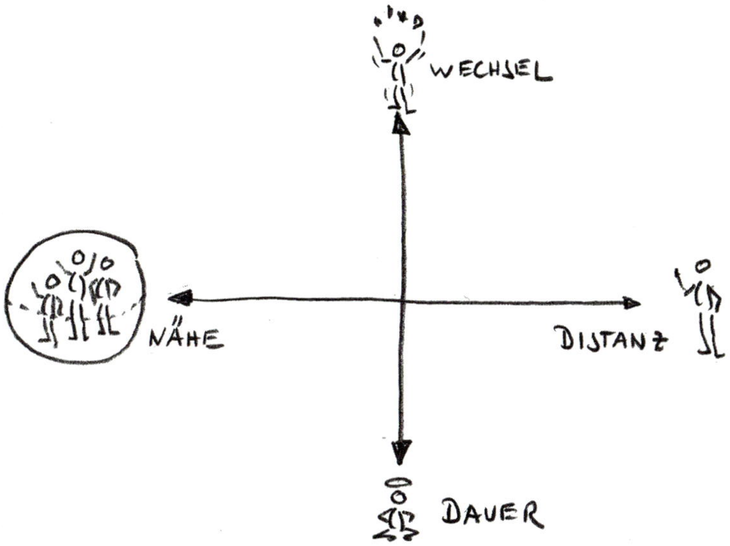

Aufstellung zum Riemann-Thomann-Modell

Zwar hat jeder Mensch alle Strebungen in sich, aber nicht alle sind stets gleich ausgeprägt. Jedes Thema hat seinen eigenen Schwerpunkt. Der Spielleiter achtet darauf, dass die Themen zum Kontext passen. Bitte keine Aufstellungen in einer Schulklasse zu Beziehungsfragen, sondern ausschließlich zu Sachthemen. Natürlich lassen sich Themen wie „Sexualität" und „Sterben" mit dem Modell behandeln (vgl.

keine Beziehungsfragen

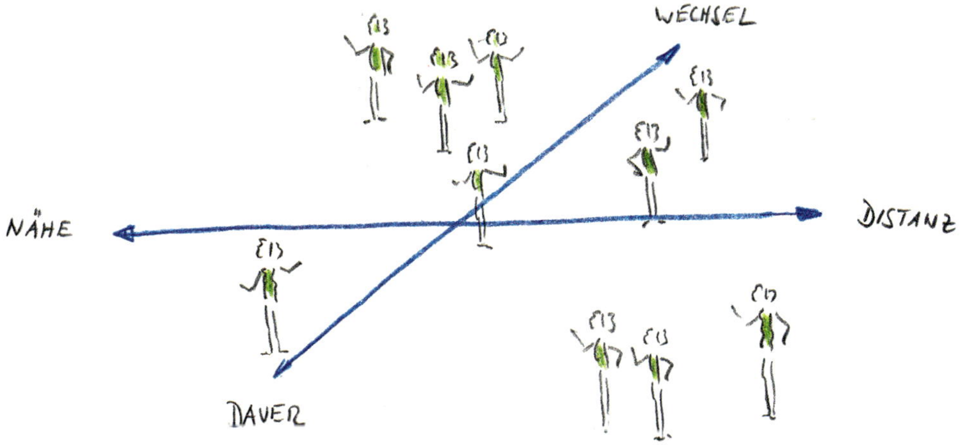

Schulz von Thun, Bd. 3) – aber nicht im Rahmen einer Aufstellungsarbeit im Klassenzimmer!
Mögliche Themen könnten z. B. die Betrachtung der aktuellen Mode oder die gemeinsam erlebten Ausflüge sein. In Abschnitt „Lernumgebungen im Achsenkreuz“ wird das Modell als Kompass zur Gestaltung von Lernumgebungen vorgeschlagen.
Bei der Aufstellung kommen sich die Menschen nahe, die zu dem entsprechenden Thema ähnlich „aufgestellt“ sind. Je weiter jemand entfernt ist, desto „ver-rückter“ erscheint er vom eigenen Standpunkt.

Heimat- und Schattengebiete

Wachstumspotenzial

Das Gebiet, in dem man sich unter normalen Umständen bewegt, wird „Heimatgebiet“ genannt. Dort kennt man sich aus und der Ort fühlt sich sicher an. Wir treffen Gleichgesinnte und Vertraute, das gibt noch mehr Sicherheit. Die Gebiete, die weit von dem eigenen Standpunkt entfernt sind, werden „Schattengebiete“ genannt. Diese werden als Option eines Standorts häufig gar nicht wahrgenommen. Allerdings ist das genau der Ort, wo am meisten Wachstumspotenzial besteht. Nicht im Vertrauten lernt man, gefordert wird man in der Fremde, also dann, wenn man seine Komfortzone verlässt. In der Skizze steht die Person im Quadranten von Nähe und Dauer, der Kontakt mit einem Gegenspieler, der genau dort seine Heimat hat, beinhaltet großes Entwicklungspotenzial. Das wird in einer Übung im nächsten Abschnitt noch vertieft.

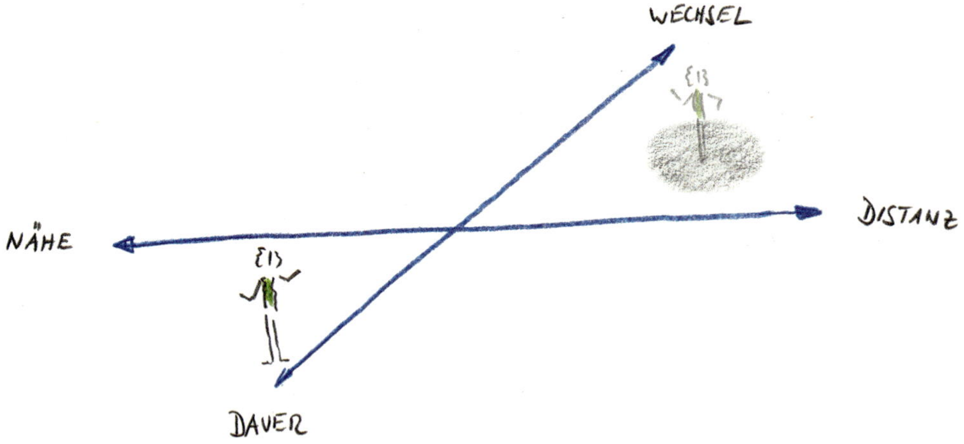

Werte im Achsenkreuz

Die Aufstellung zum Riemann-Thomann-Modell kann als Spezialfall zweier Qualitäten (hier Wechsel–Dauer und Nähe–Distanz) gesehen werden. Prinzipiell lassen sich beliebige zueinander paradoxe Werte miteinander kreuzen. paradoxe Werte

Die jeweiligen Werte gibt die Gruppe selbst vor, alternativ kann der Leiter einen Vorschlag unterbreiten. Zumindest im ersten Durchgang ist es gut, wenn die Struktur von außen kommt. Die folgenden Beispiele zeigen den Spiel- und Möglichkeitsraum auf. Als Beispiel kann der Leser zwei beliebige Achsen auswählen und in einem Achsenkreuz senkrecht übereinander legen.

Es ist auch möglich, nur eine Achse zu verwenden. In diesem Fall entsteht keine zweidimensionale Aufstellungsarbeit, sondern eine eindimensionale, entlang einer Skala (vgl. Abschnitt 3.3.1).

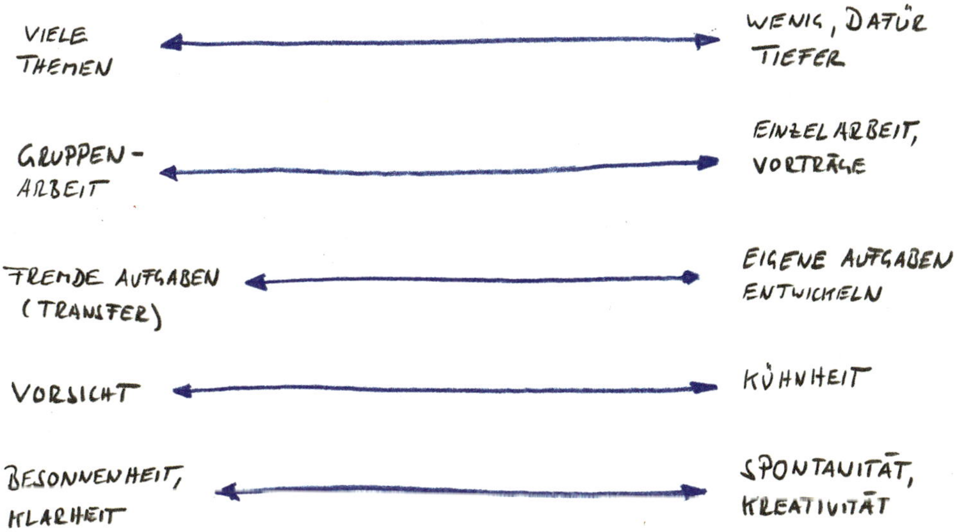

Diese Form von Aufstellungen ermöglicht eine im höchsten Maße lehrreiche Übung, die aus zwei Phasen besteht.

Heimatphase: Gleich und gleich gesellt sich gern!

Diese Phase muss nicht gesondert eingeleitet werden, sondern geschieht bei der Aufstellung automatisch. Man trifft auf Gleichgesinnte, auf die, die einem gedanklich nahestehen. Das fühlt sich gut an, man erhält weitere Argumente für den eigenen Standpunkt und kann diesen weiter untermauern. Zwei bis drei Minuten reichen.

Schattenphase: Die Konfrontation mit dem „Ver-rückten"!
Die Fremde aufzusuchen, geschieht, bezeichnenderweise, nicht von selbst. Es braucht Energie und die Anregung des Leiters. Von sich aus würden die Meisten nicht ausziehen, um in der Fremde zu lernen. Mit Blickkontakt sucht sich jeder einen Partner, der möglichst weit von einem entfernt steht.

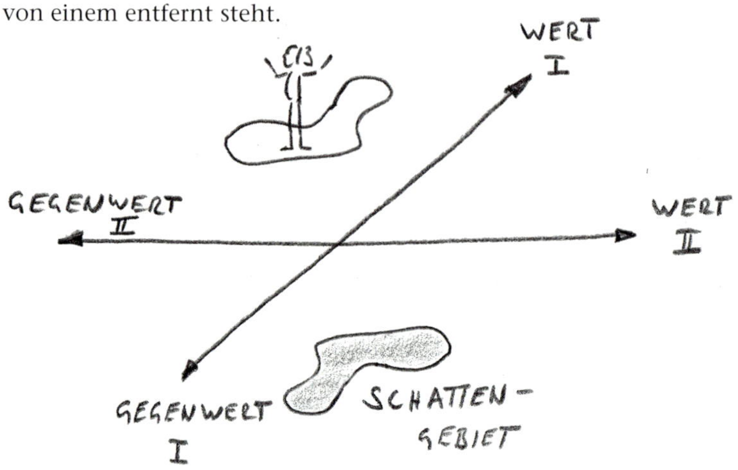

Das Ziel in der anschließenden Diskussion ist nicht, herauszufinden, wer „richtig" liegt oder steht. Es geht darum, den anderen Standpunkt zu verstehen, ihn nachvollziehen zu können. Man muss diesen selbst weder für gut heißen, noch billigen. Für fast alle Menschen ist die Konfrontation mit dem Ver-rückten sehr lehrreich. Es überrascht, dass andere, trotz logischem Denken, zu einem anderen Ergebnis kommen.

lehrreiche Konfrontation

Lernumgebungen im Achsenkreuz

Orientiert sich der Unterricht an den Grundstrebungen, so „passt" er zum Menschen. Somit kann das Riemann-Thomann-Modell als ein Kompass für Lernumgebungen genutzt werden, ein hervorragendes Werkzeug zur Analyse von Unterricht in der Lehrerbildung. Sei es im Referendariat, in Seminaren an der Universität oder pädagogischen Hochschulen. Die Übung kann im Unterricht auch vom Lehrer durchgeführt werden, um gemeinsam mit den Schülern an der Unterrichtsqualität zu arbeiten.
Das Modell hilft, die Stimmigkeit der Situation (Ausrichtung des Achsenkreuzes bzw. dessen Schwerpunkt) und die individuelle Wahrnehmungen transparent werden zu lassen. Kurz: Es bringt Verständnis für die Situation und Verständnis für sein Gegenüber.
Es kann eine konkrete Unterrichtsstunde, eine bestimmte Lernumgebung oder eine ganze Unterrichtseinheit untersucht werden. Das fol-

gende Beispiel analysiert eine Lernumgebung, die ich regelmäßig im Sommersemester an der Universität Freiburg durchführte.

Phase I: Durchführung der Lernumgebung
Mit Lehramtsstudenten wurde an der Universität Freiburg eine Lernumgebung zur Symmetrie durchgeführt. Zuerst wurde der Raum in ein Chaos verwandelt. Anschließend wurde solange aufgeräumt, bis eine Achsensymmetrie entstand, in der sich schließlich die Studierenden symmetrisch bewegten.[28]

Phase II: Reflexion der Grundstrebungen
Nach Ablauf der Übung entscheidet jeder für sich, wo er in der Übung Wechsel, Dauer, Nähe und Distanz wahrgenommen hat. Anschließend wird an der Tafel zusammengetragen:

Wechsel	▸ Mobiles Mobiliar im wörtlichen Sinne: Ein Stuhl, ein Tisch sind nicht nur zum Sitzen oder Schreiben da, sondern sie können anders verwendet werden. ▸ Noch nie hat der Raum so ausgesehen.
Dauer	▸ Streben nach Ordnung. ▸ Das Thema Ordnung bleibt die ganze Zeit. ▸ Ein Grenzwertprozess wird erlebt.
Nähe	▸ Ein symmetrisches Bewegen. Partnerarbeit. ▸ Als gesamte Gruppe den Raum verändern. ▸ Der Fokus auf: „Wer gleicht mir?“ bzw. „Wer ist zu mir symmetrisch?“
Distanz	▸ Das Zug-um-Zug-Prinzip: Jeder, der wollte, konnte in einer bestimmten Übungsphase einen bestimmten Gegenstand verändern, wobei alle anderen zuschauten. ▸ Jeder sollte selbstständig einen Gegenstand so verändern, dass sich das Chaos vergrößerte.

Phase III: Stellung beziehen
Eine Skizze vom Raum an der Tafel gibt Orientierung: Die Tafelwand steht für Wechsel, die hintere Wand für Dauer, die linke für Nähe und die rechte für Distanz.

28 Die Durchführung ist in Martin Kramer, *Mathematik als Abenteuer* Bd. I, Klett-Kallmeyer Verlag 2016, 4. Aufl. ausführlich beschrieben. Eine studentische Darstellung finden Sie in dem Skript zur Vorlesung *Geometrie und Stochastik als Abenteuer* unter www.unterricht-als-abenteuer.de.

Wer sich für einen Standpunkt entschieden hat, verschränkt zum Zeichen die Arme. Anschließend wird Stellung bezogen.

Phase IV: Verschiedene Symmetrien

Der Leiter kann neben der „Heimat- und Schattenphase" (vgl. obigen Abschnitt „Werte im Achsenkreuz") verschiedene „Spiegelungen" durchführen, um einen gezielten Austausch zu ermöglichen. Während sich im ersten Moment der Aufstellung „gleich zu gleich" gesellt hat, können verschiedene „ver-rückte" Positionen aufgesucht werden. So sucht jeder mit Blickkontakt einen Partner, der ungefähr punktsymmetrisch zu ihm ist. Weiter kann an den Achsen gespiegelt oder eine Drehung um 90° um den Mittelpunkt vorgeben werden, um einen Gesprächspartner zu finden. Zentral ist der Gedanke des Dialoges, des Austausches. Es lässt sich verstehen, warum der andere diametral zu mir steht, obwohl ich nicht seinen „Standpunkt" vertrete.

„ver-rückte" Positionen

„Halböffentliche" Aufstellung

Bei einer Aufstellung ist nicht nur die Gesamtheit der Positionen ersichtlich, sondern jeder einzelne Standpunkt ist adressiert. Wenn man das Gruppenergebnis bekanntgeben möchte, aber die einzelnen Positionen schützen, so kann jeder seinen Standort an der „Karte" an der Tafel eintragen. In der Vorlesung entstand folgendes Bild:

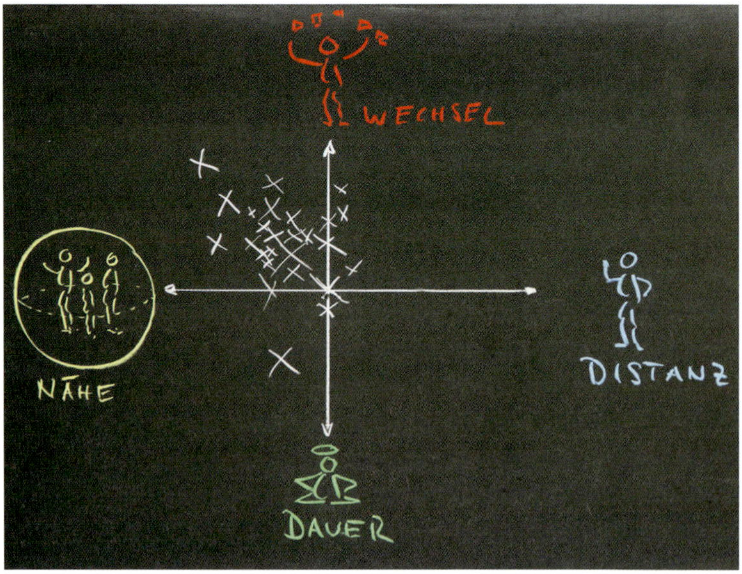

Bemerkungen
Wie soll der Dozent auf die verschobene Punktwolke reagieren? War die Lernumgebung bzw. die Vorlesung stimmig?
Hier gibt es keine „richtige" Antwort. Für den Lehrer gilt es, das Ideal einer doppelten Stimmigkeit anzustreben: Passend für ihn selbst und passend für die Situation.

doppelte Stimmigkeit

Der Schwerpunkt der Punktwolke soll nicht als direkter Appell missverstanden werden. Vielmehr ist das Riemann-Thomann-Modell ein Analyseinstrument und somit eine Entscheidungshilfe. Wie sich der Unterricht weiter im Achsenkreuz bewegen soll, bleibt dem Gestalter überlassen. Vielleicht ergibt es Sinn, sich noch weiter in Nähe und Wechsel zu begeben, wenn zuvor Distanz und Dauer die dominierenden Kräfte waren.
Man wird es als Gestalter von Unterricht nicht jedem Schüler zu jeder Zeit recht machen können. Der eine möchte noch tiefer in die Sache einsteigen (Dauerstreben), der andere ist des Themas schon seit Tagen überdrüssig und sehnt sich nach etwas Neuem (Wechselstreben). Der eine möchte erst für sich die Sache verstehen (Distanzstreben), der andere geht die Sache ungern allein an (Nähestreben). Schauen Sie direkt hin, aber bitte versuchen Sie nicht, es allen recht bzw. Ihren Unterricht „richtig" zu gestalten.

3.5 Weitere Spielfelder

Das Achsenkreuz ist eine spezielle Form eines Spielfeldes. Es besteht aus zwei gekreuzten Achsen und erzeugt dadurch eine doppelte Skalierung. Damit gibt es bei einer Aufstellung prinzipiell keine zwei identischen Positionen, schlichtweg deswegen, weil keine zwei Personen am selben Ort stehen können.
Nun gibt es Aufstellungen, bei denen mehrere auf demselben Feld gleichberechtigt denselben Wert einnehmen können, ähnlich wie in Abschnitt 3.4.2 („Themenfelder aufspannen"). Dort hatten die Felder allerdings, im Gegensatz zu Spielfeldern, keinen Bezug zueinander.

Stellenwertsystem
Unser Zahlensystem ist ein gutes Beispiel, um den Bezug zwischen Feldern darzustellen. Es ist ein Stellenwertsystem, die Werte der Ziffern ändern sich, je nach Standort. Eine „1" wird so zu einem Einer (E), Zehner (Z), Hunderter (H), Tausender (T) ... Die Stellen sind mit Kreppband auf dem Boden markiert. In der Skizze ist die Zahl **213**

dargestellt. Der Übertrag kann nachvollzogen werden: Es passen nur neun Personen auf ein Feld, kommt eine weitere hinzu, ersetzt eine Person die Zehnergruppe dadurch, dass sie eins weiter rückt.

Auch die Addition kann über eine Aufstellungsarbeit nachempfunden werden. Die Summanden (im Beispiel **2174** und **1253**) stellen sich dabei außerhalb und der markierten Stellen gegenüber auf.

Zur Addition gehen beide zusammen auf das jeweilige Feld, wenn mehr als neun Personen zusammenkommen, findet ein Übertrag statt. Auf ähnliche Weise können das Zweiersystem oder andere Zahlensysteme untersucht werden.

Hohe Bedeutung kommt der Interaktion auf dem Spielfeld zu. Es handelt sich um keine statische Aufstellungsarbeit, sondern um eine interaktive. Sehr gut lässt sich die Rechenoperation während der Darstellung parallel an der Tafel aufschreiben. So kann das Handeln mit der entsprechenden Notation vernetzt werden.[29]

29 Eine ausführliche Darstellung findet der interessierte Leser bei Kramer, Martin: *Mathematik als Abenteuer*, Bd. II, Klett Kallmeyer, 5. Aufl., 2018. Dort werden sogar weitere Systeme (Fünfersystem) untersucht.

Nuklidkarte

Der Zerfall eines radioaktiven Präparats ist ein weiteres Beispiel für die Verknüpfung und das Bespielen von Feldern. Zu Beginn stehen sechs „Urankerne“ **U 238** auf dem entsprechenden Feld auf der Nuklidkarte. Die Halbwertszeit beträgt ca. 4,5 Milliarden Jahre. Um das nachzuspielen, wirft jedes „Nuklid“ eine Münze. Die Zeit, die die Münze unterwegs ist, steht für 4,5 Milliarden Jahre, bei Zahl ist das individuelle Nuklid unter Alphastrahlung zerfallen und verwandelt sich in **Th 234**, was im Vergleich zu Uran 238 sofort als Betastrahler weiter zerfällt (Halbwertszeit 24,1 Tage).

Auf diese Weise können ganze Zerfallskaskaden (s. Abbildung) nachempfunden werden.

Museumstechnik

Die Klasse wird in Kleingruppen eingeteilt. Jede erstellt auf einem Tisch eine Aufgabe, die möglichst etwas zum Anfassen oder zum Ausstellen enthält. Auf dem Tisch befindet sich nichts, was nicht zu dem Exponat gehört. Das hat neben dem ästhetischen ebenso einen konstruktivistischen Grund: Alles, was auf der Bühne (dem Tisch) ausgestellt ist, wird vom Betrachter als Teil des Exponates gesehen. Ästhetik

Die ersten zwei, drei Gruppen, die bereits ihr Exponat gestaltet haben, fertigen ein weiteres an, dann gibt es mehr Möglichkeiten bei der anschließenden Begehung. Diese kann von unterschiedlicher Länge sein, wie in einem Museum kann man 20 Minuten oder ganze Tage darin verbringen. Eine oder zwei Doppelstunden sind ein typisches Format.

Beispiele für Exponate

- Es werden Streichholzrätsel ausgelegt. Ein typisches Beispiel: Aus 12 Hölzern sollen 4 Dreiecke gelegt werden, dann mit 9 Hölzern, dann mit nur 6. Die Anleitung und eine Schachtel Streichhölzer bilden das Exponat.
- Aus dem Schulbuch wird eine Aufgabe passend zum Thema ausgewählt und in der Kleingruppe gelöst. Ein passender Gegenstand wird hinzugelegt.
- In einem Satz wird ein Fehler versteckt. Je nach Thema zu Groß- und Kleinschreibung oder Kommasetzung.

Wenn die Gruppe mit der Museumstechnik vertraut ist, kann nur das Thema vorgegeben werden oder sogar gefragt werden, wozu eine Ausstellung gemacht werden soll. Die Schüler erstellen dann eigenständig zu einem Thema (Bruchrechnung, Grammatik, Französische Revolution …) ein Exponat. Vertrauen Sie auf Ihre Schüler. Wenn die Struktur klar ist, sind einerseits die Exponate kreativer und origineller als die von Ihnen entwickelten. Andererseits, und das ist entscheidend, wird es durch die eigene Gestaltung der Schüler auch zu ihrer Sache. Wenn die Museumstechnik zum ersten Mal praktiziert wird und der Ablauf gezeigt werden soll, kann auch ein fertiges Stationsangebot (z. B. Lernzirkel, offene Aufgaben etc.) vom Lehrer ausgelegt werden. Aber dann sind die konkreten Unterrichtsinhalte (vom Lehrer) fremdbestimmt.

eigene Gestaltung

Aufstellungsarbeit im Museum

Nach Ende des Museumsganges stellt der Leiter die folgende Frage: „Welche Aufgabe, welches Exponat, ist das anspruchsvollste und schwierigste im Raum? Wer sich nicht entscheiden kann, sucht sich bitte ein anspruchsvolles heraus."

Es wird nicht gesprochen, jeder trifft für sich allein eine Entscheidung. Schweigend gehen die Schüler durch die Ausstellung, wer sich entschieden hat, bleibt am entsprechenden Exponat stehen. Wer zusätzlich einen Grund angeben kann, warum die Aufgabe schwierig ist, verschränkt zum Zeichen die Arme.

Erst dann wird gesprochen. Der Leiter moderiert das Gespräch. Thematisiert werden in der Regel inhaltliche und ästhetische Gesichtspunkte. Anschließend wird die Aufstellung aufgelöst und die Gruppe geht wiederum schweigend durch den Raum, diesmal mit der Aufgabe, die einfachste und leichteste Aufgabe auszusuchen. Erneut wird Stellung bezogen, erneut darüber gesprochen. Häufig stehen in beiden Runden Schüler am selben Exponat. Offensichtlich gibt es Schüler, die in ihrer Wirklichkeit eine Aufgabe einfach empfinden und andere sehen dieselbe als schwer an. Spätestens jetzt ist jedem im Raum die Subjektivität der Schwierigkeit klar. Wer auch immer in Schulbüchern Sternchen für den Schwierigkeitsgrad von Aufgaben verteilt, stets ist das eine individuelle Einschätzung. Und doch gibt es im Gespräch gemeinsame Sichtweisen und manche Exponate werden von den meisten als „schwer" bezeichnet.

Subjektivität der Schwierigkeit

Im Anschluss an die Aufstellung können Hausaufgaben individuell und binnendifferenzierend verteilt werden. So lautet eine weitere Aufgabenstellung des Lehrers: „Bei den allerleichtesten Aufgaben lernt man in der Regel wenig, auch bei den ganz schweren kommt wenig dabei heraus. Sucht euch drei Exponate heraus, wo ihr denkt, dass ihr dort am meisten lernen könnt. Achtung: Häufig verleitet die Freiheit der Wahl zu schwierigeren Aufgaben, also wählt eher einen Tick leichter, zumindest zwei von den drei Aufgaben sollten gut machbar sein."

Binnendifferenzierung

Systemische Bemerkung

Es ist ein systemischer Ansatz: Der Lehrer sucht nicht die „richtigen" Aufgaben für seine Schüler heraus, sondern vertraut darauf, dass sie selbst wissen, was am besten für sie ist! Wachstum wird nicht von außen erzwungen, sondern geschieht von innen. In Lehrerfortbildungen erlebe ich wieder und wieder die Angst mancher Lehrer, dass die Schüler sich dann vor der Arbeit drücken könnten und sich die einfachsten Aufgaben aussuchen. Aber das habe ich in meiner Praxis der letzten 15 Jahre weder bei Schülern, noch bei Studierenden, noch bei Referendaren oder Lehrern in Fortbildungen erlebt. Wenn Menschen sich frei entscheiden können und *gleichzeitig* eine klare Struktur gegeben ist, wenn die Teilnehmer des Unterrichts also in einem Spielfeld mitspielen können, dann wird das in aller Regel nicht ausgenützt.

eigene Entwicklung

Kein Mensch behindert sich an seiner eigenen Entwicklung – wenn es wirklich um seine eigene geht und nicht um eine fremdbestimmte Auffassung des Leiters. Ganz im Gegenteil besteht die Schwierigkeit, dass sich die Schüler zu viel zumuten.

Didaktische Bemerkung zu den drei verschiedenen Rollen

„Triple P“

Die Museumstechnik bietet dem Lernenden die Möglichkeit, in drei verschiedenen Rollen (**P**rüfer, **P**rüfling, **P**rüfungskommission) auf dasselbe Thema zu blicken. Mit der Rolle ändert sich die Perspektive der Betrachtung, was durch den grünen Sichtbereich in der Skizze dargestellt ist.

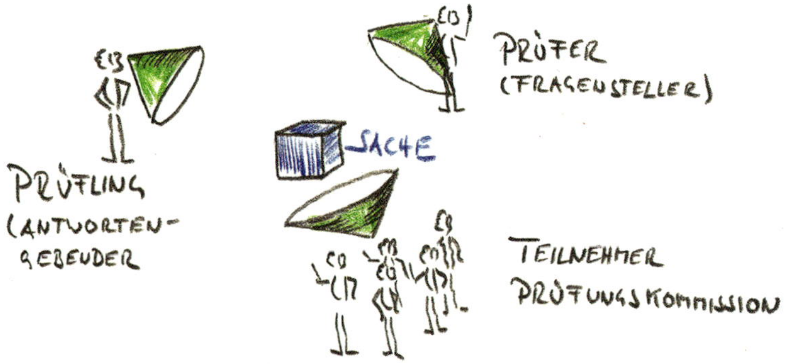

Fragen stellen: die Rolle des Prüfers

Beim Aufbau des Exponates sind die Schüler in der Rolle des Prüfers. Klarheit und Ästhetik in der Darstellung sind gefragt. In der Prüferrolle zu sein, bedeutet vor allem, dass man selbst für die Fragen verantwortlich ist und – dass man überhaupt Fragen stellt! Das ist im klassischen Unterricht eher selten der Fall, dort werden üblicherweise „richtige“ Antworten gelernt. Passende Fragen zu stellen ist eine hohe Kunst und für wissenschaftliches Arbeiten eine grundlegende Voraussetzung. Es geht in dieser Phase um mehr als um den bloßen Inhalt: Die Schüler lernen, Fragen klar zu formulieren, sie überlegen einen Erwartungshorizont.

Antworten geben: die Rolle des Prüflings
Während des Museumsgangs sind die Schüler als Prüflinge unterwegs. Sie lösen wie im klassischen Unterricht Aufgaben, aber es gibt einen entscheidenden Unterschied: Die Aufgaben kommen nicht von außen, sie sind vom System (von den Schülern) selbst erzeugt worden. Man weiß, wer die Aufgaben gestaltet hat, und genau das macht die Sache interessant. Kein abstrakter, weit entfernter Schulbuchautor, der nichts mit mir zu tun hat und vielleicht einer der besten Didaktiker Deutschlands ist, hat die Aufgaben entworfen. Es waren meine Mitschüler, meine Kameradinnen, meine Kollegen!

Qualitätsmanagement: die Rolle in einer Prüfungskommission
Bei der Aufstellungsarbeit blicken die Schüler von außen auf ihre selbstgeschaffene Umgebung. Sie werden zu Teilnehmern einer Prüfungskommission. Sie lösen keine Aufgaben, sondern sprechen über die Aufgaben, über deren Qualität.

äußere Sicht

Man kann als Leiter hier noch weitergehen und nicht „nur" nach der Schwierigkeit fragen, sondern danach, welche Aufgaben sie selbst für das Erlernen des Themengebietes als sinnvoll erachten. Oder noch weiter kann systemisch „übers Eck" gefragt werden: „Stellt euch vor, ihr hättet bereits Kinder in eurem Alter: Welche Aufgaben würdet ihr euch wünschen? Was ist die wichtigste Aufgabe? Bitte bezieht schweigend Stellung."

Kapitel 4

Erweiterung: Äußerungen über das Material

„Gebärdensprache" und Aufstellungsarbeit kann auch mittels Material erfolgen. So können die Darstellungsmöglichkeiten z. B. mit Stiften und deren Farbe erweitert werden. Bei komplexeren Konstruktionen lässt sich aus dem Bearbeitungszustand Information gewinnen. Weiter kann die Aufstellungsarbeit anonymisiert werden.

4.1 Anonyme Aufstellungsarbeit

ohne Adressierung

Die Idee ist einfach: Möchte man anonym bleiben, lässt man sich durch einen Gegenstand vertreten. Im einfachsten Fall kann das ein Kreuzchen oder ein Strich an der Tafel sein. Hinterher weiß man nicht, wer welches Kreuz gesetzt hat. Wer sich hingegen über den Körper äußert, sei es durch Zeichensprache oder in einer Aufstellung, gibt zwei Dinge bekannt: Erstens die Aussage an sich und zweitens die Adresse der Aussage. In bestimmten Situationen kann es sinnvoll sein, diese Verbindung von Aussage und Adresse aufzubrechen. Ein gutes Beispiel ist z. B. eine Wahl. Hier äußert sich der Wähler in einer anonymen Weise schriftlich. In den bisherigen Kapiteln ist der Sender bei seiner Äußerung in der Regel adressiert, man weiß stets, von wem eine Äußerung kommt. Eine Ausnahme zeigt das blinde Abfragen in Abschnitt 1.5.

Persönliche und unpersönliche Äußerungen

Ein Gegenstand kann eine Adresse beinhalten, wie zum Beispiel das persönliche Mäppchen, die eigenen Schuhe oder die getragene Uhr. Das gilt vor allem in kleinen Gruppen, wo jeder jeden kennt und so die persönlichen Gegenstände dem jeweiligen Besitzer zuzuordnen sind. Weiter gibt es unpersönliche Gegenstände, wie z. B. Münzen, ein Stück Kreide, ein Stein, ein zusammengeknülltes Stück Papier oder Stifte. Mit diesen kann man sich anonym auf einer Skala oder einer Karte platzieren. Mithilfe von Stellvertretern ist es sogar möglich, dass jeder Schüler sich mehrfach äußern kann.

Ein Beispiel: Im Zeicheninstitut in Tübingen wird bei Frido Hohberger jedes Semester zum Abschluss das beste Kunstwerk gesucht. Jeder Student stellt sich eine vereinbarte Anzahl Papierkügelchen her, mit denen er abstimmt. Die Zeichnung mit den meisten Papierkügelchen hat gewonnen.

4.2 Strukturierung der Kommunikation

Gegenstände strukturieren Gespräche

Meine erste Aufstellungsarbeit über Repräsentanten

Ich erinnere mich an ein Zeltlager (Seemoos), als ich zusammen mit einem Betreuerteam, eine Aufstellung mittels Gegenständen zum ersten Mal erlebt habe. Wir hatten einen pfiffigen Lagerpfarrer, der eines Abends zu uns ins Team kam, meine Tabakdose in die Mitte des Tisches stellte und meinte, dass diese das eigene religiöse Zentrum darstellen würde. Jetzt solle man einen eigenen Gegenstand wählen und sich überlegen, wo man gerade selbst steht. Einer nach dem anderen nahm seinen Gegenstand und platzierte ihn, sofern es für ihn möglich war. Es waren Leute dabei, die meinten, soweit können sie gar nicht weglaufen, sie müssten sich irgendwo bei unendlich oder dahinter platzieren. Ich weiß noch, dass ich den Inhalt der Tabakdose nehmen wollte, um diesen gleichmäßig im Raum zu verteilen, weil mich die Idee eines lokalen Zentrums störte ...

Die Begriffe „Zug-um-Zug-Prinzip" und „Aufstellungsarbeit" fielen nicht und ich glaube, dass wir deren Nennung damals als recht eigenartig empfunden hätten. Ich erinnere mich nach über 20 Jahren an die Situation, weil das Gespräch anschaulich wurde und weil es strukturiert war: Jeder setzte nacheinander seinen Gegenstand ab und sagte etwas dazu. Ohne das Konkrete hätten wir anschließend keine so wertvolle und tiefe Diskussion geführt.

das Konkrete

Ein beliebiges Thema kommt auf den Tisch

Das Prinzip ist einfach: Das Thema wird vorab vereinbart und jeder Gesprächsteilnehmer überlegt sich einen Gegenstand, der seinen „Beitrag" untermauert („Ich-Phase"). Zur Diskussion setzt man sich um einen Tisch und Zug-um-Zug werden zusammen mit einem verbalen Beitrag die Gesprächsgegenstände auf den Tisch gelegt. Bei dieser Methode hat einerseits der Zuhörer die Möglichkeit, den mündlichen Beitrag des jeweiligen Redners mit dem Gegenstand zu illustrieren, andererseits findet der Redner fast immer etwas an seinem

Gegenstand, was in seiner Rede spontan sehr gut zu passen scheint. Fast noch wichtiger: Jeder kommt an die Reihe und erhält „Raum“.

sichtbare Beiträge

Mit dem Material ist jeder Beitrag sichtbar!

Ein Beispiel: In dem Seminar „Robotik als Abenteuer“ habe ich zum abschließenden Feedbackgespräch jeden Teilnehmer gebeten, sich ein Bauteil auszusuchen, an dem er seine grundlegenden Gedanken aufhängen kann. So wurde der Motor zum Symbol für den Antrieb über das Semester hinweg, ein Akku ein Energiespender, ein Kabel zu einer Verbindung von Technik und Mensch etc.

Zug-um-Zug-Prinzip strukturiert durch Kreide

Der Lehrer stellt eine Frage zu einem einfachen oder komplexen Problem. Dann gibt er einem Schüler die Kreide (oder einen Boardmarker), damit ist dieser an der Reihe, um einen Vorschlag zu machen, und diesen ersten Schritt an die Tafel zu schreiben. Allerdings muss er das nicht tun, er kann auch das Stück Kreide einfach so weitergeben, ohne Begründung. Dann ist der nächste dran. Auch dieser kann den „Kelch“ an sich vorübergehen lassen.

Die Idee ist Folgende: Wer das Stück Kreide in der Hand hält, ist prinzipiell am Zug, das ist jedem im Raum klar. Auf der anderen Seite kann der Auserwählte ohne Gesichtsverlust die Kreide weitergeben.

ohne Gesichtsverlust

Mitunter kommt es vor, dass das Stück einmal im Kreis läuft, um am Schluss wieder beim Lehrer anzukommen. Das geschieht selten, da die Schüler in der Regel Ideen haben und etwas beitragen wollen. Aber wenn es doch geschieht, tut es der Sache keinen Abbruch, ganz im Gegenteil. Das im Schweigen durchgereichte Stück Kreide gleicht fast einer rituellen Handlung, eine Vorbereitung auf das Kommende: Nach diesem Ritual können Sie einen Lehrervortrag halten und jeder wird Ihnen zuhören. Die Schüler werden Ihnen mit einer ganz anderen Aufmerksamkeit folgen, als wenn Sie einfach so mit einer Erklärung angefangen hätten. Jetzt spielen sie eine Rolle, jetzt war jeder schon einmal an der Reihe und hätte etwas dazu sagen können, jetzt ist man gespannt, was der Lehrer von sich gibt.

Wenn eine Gruppe das Miteinander selbst gestaltet, ist sie mitunter darin überfordert, festzulegen, wer gerade das Wort hat, wer etwas sagen darf, wer dran ist. Die hier vorgestellte Technik mit der Kreide erinnert an den Umgang mit dem Redestab, wo nur der sprechen darf, der gerade dran ist (vgl. Abschnitt 3.1.2).

Gegenstände ablegen/aufnehmen

Planungsphase bei Klausur

In einer Klausur muss kein Schüler oben mit der Aufgabe 1 anfangen. Trotzdem geschieht das sehr häufig. Durch einen kurzen Vorlauf kann dem Schüler eine echte Chance gegeben werden, sich selbst zu entscheiden, mit welcher Aufgabe er beginnen möchte, statt einem inneren (blinden) Automatismus zu folgen.

Zuerst werden alle Stifte aus der Hand gelegt, anschließend werden die Aufgabenblätter ausgeteilt und die Schüler lesen den Text. Das geschieht dann ohne das Stressmoment, dass der Nachbar bereits angefangen hat oder das Zeit „verloren“ geht, wenn man nicht gleich (blind) anfängt. Wer alles einmal gelesen hat und weiß, mit welcher Aufgabe er beginnen will, legt das Blatt ab. Wenn alle Aufgabenblätter liegen, können (immer noch ohne dass jemand einen Stift in der Hand hat) vom Lehrer Fragen zu den Aufgabestellungen beantwortet werden. Noch hört jeder zu, weil es ja sonst nichts zu tun gibt. Erst jetzt wird gemeinsam begonnen. Das Wertvolle ist die „erzwungene“ Trennung zwischen Planungsphase und Arbeitsphase. Die Schüler wissen, was auf sie zukommt und können die Zeit besser einteilen, ebenso auch die Reihenfolge. Die Hoffnung ist, dass sich die Schüler später selbst dazu „zwingen“, die Aufgabenstellung durchzulesen und so die Möglichkeit zur eigenen Strukturierung haben.[30]

ohne Stressmoment

„Es geht weiter, wenn …“

Wenn Schüler Zeit erhalten, etwas für sich zu notieren, ist unklar, wann der Unterricht weitergehen soll. Durch die Anweisung „Wer so weit ist, legt demonstrativ seinen Stift ab. Es geht weiter, wenn alle Stifte liegen.“ wird der Stift zum nonverbalen Bedeutungsträger. Die Anweisung entspricht dem Armeverschränken in Abschnitt 2.1.3. Der Lehrer erkennt, wer noch schreibt und wer nicht. Weiter hilft die gegenseitige Wahrnehmung innerhalb der Gruppe, dass das Schreiben mehr oder weniger gemeinsam beendet wird. Jeder bekommt schließlich mit, ob die anderen noch schreiben, oder ob ich einer der letzten bin und ich mich langsam in die Gruppe einfügen sollte, sodass der Unterricht weitergehen kann. Vergleiche hierzu „Gruppendruck im Wertequadrat“ in Abschnitt 1.8.

30 Es gibt Schüler, die tatsächlich „im blinden Beginnen“ bessere Ergebnisse liefern. Die Übersicht macht ihnen Angst. Letzten Endes weiß jeder selbst am besten, was für ihn gut ist. Aber es ergibt Sinn, wenn auch diese Entscheidung bewusst gemacht wird.

4.3 Materielles Speichern

Haptische Zitate und Rollenkarten

Man kann eine Rolle durch ein haptisches Zitat verdeutlichen. In einem Rollenspiel kann der „Kranke" einen Schal tragen, der „Staatsanwalt" ein Hemd anlegen und der „Mathematiker" Papier und Bleistift in die Hand nehmen. In Abschnitt 3.1.3 legen die Mitarbeiter ein Zitat ab, bevor die Diskussion begonnen hatte. Mit dem Zitat wird die Rolle abgegeben. Auf ähnliche Weise macht der Redestab einen Teilnehmer zum „Redner" oder die Krone seinen Träger zum „Gekrönten". Das Zitat verleiht und nimmt die Rolle.

Sehr minimalistisch und dennoch überaus wirksam sind Rollenkarten als „Zitat":[31] Ohne Haptik, ohne Material besteht die Gefahr, dass die Verantwortung nicht klar übertragen wird und in der Gruppe untergeht (Diffusion der Verantwortung). Mit der Rollenkarte ist klar, wer für das Material oder die Sitzordnung verantwortlich und ansprechbar ist.

Verantwortung übertragen

Speicherung von Inhalten

Unaufgeräumter Raum

Mithilfe von Material lässt sich Information (materiell) speichern. Beispielsweise verlasse ich bei mehrtägigen Kursen den Arbeitsraum unaufgeräumt. So stehen noch aufgebaute Exponate im Raum, der Anschrieb auf der Tafel oder dem Flip-Chart ist vorhanden, auch die Stühle bleiben an Ort und Stelle. Betreten die Teilnehmer am nächsten Tag den Raum, ist noch etwas von dem gestrigen Tag vorhanden, materiell gespeichert. Natürlich kann der Leiter erzählen und zusammenfassen, was am Tag zuvor geschehen ist, aber es ist ein völlig anderes Erleben, wenn materielles Beweismaterial seine Aussage unterstützt. Ein Tipp für die Praxis: Möchte man an das Vergangene anknüpfen, lässt man die Sachen stehen, möchte man am Folgetag etwas Neues beginnen, räumt man auf und betritt dann „neuen Raum".

Ausstellung von Inhalten

Glaskästen und Plakatwände

Glaskästen und Plakatwände zur Ausstellung in Schulen können kommunikativ als Speicherung von Inhalten verstanden werden. Es ist noch im Raum und kann so zum Gesprächsgegenstand werden. Die

31 Die vier Rollenkarten „Zeitmanager", „Materialwart", „Gesprächsleitung" und „Protokollant" können im Downloadbereich von www.unterricht-als-abenteuer.de kostenfrei heruntergeladen werden (Rollenkarten für den Gruppenunterricht).

Wirkung nimmt mit der Zeit ab, da der menschliche Geist auf Veränderung achtet. (Deswegen wird in der Werbung vieles als „neu“ verkauft, auch wenn es inhaltlich nichts Neues gibt.)
Ein kleiner Exkurs: So paradox es auf den ersten Blick erscheinen mag: Wenn Sie etwas vier Monate lang ausstellen, erhalten sie weniger Aufmerksamkeit, als wenn Sie die Glaskästen nach einem Monat leerräumen und dann im dritten Monat wieder mit demselben Inhalt füllen – obwohl die Exponate jetzt nur nur noch die Hälfte der Zeit zu sehen sind! Weniger ist mehr. In der Praxis wird man keine Ausstellung doppeln, aber haben Sie keine Angst vor der Leere.[32] Eine Bühne, die immer voll ist, wird nicht (mehr) beachtet. Das ist ein Problem von Dauerexponaten.

keine Angst vor Leere

Fortschritte werden sichtbar

Wenn eine Gruppe mit Material arbeitet, kann der Leiter über einen Abstand von mehreren Metern erkennen, wie weit sie ist. Das Material „speichert“ gewissermaßen den Fortschritt. Hier fällt der Handlungsorientierung die Bedeutung eines Feedbacks zu.

Gedankliche Konstruktionen werden sichtbar

Der Lehrer erhält über das Bauwerk des Schülers einen Einblick über dessen Verständnis und Entwicklungsstand. Auch über Konzentration (wie sehr die Schüler bei der Sache sind) erhält der Lehrer eine Auskunft. Und zwar über mehrere Meter hinweg (!), ohne dass er nachfragen muss und damit den Prozess der Schüler stört. Ein Beispiel: Schüler sollen in Zweiergruppen mithilfe von Ketten und Zahnrädern das Produkt „2 × 3“ modellieren. [33] Die folgenden Fotos zeigen zwei Fehlvorstellungen, die im Unterricht aufgetreten sind.

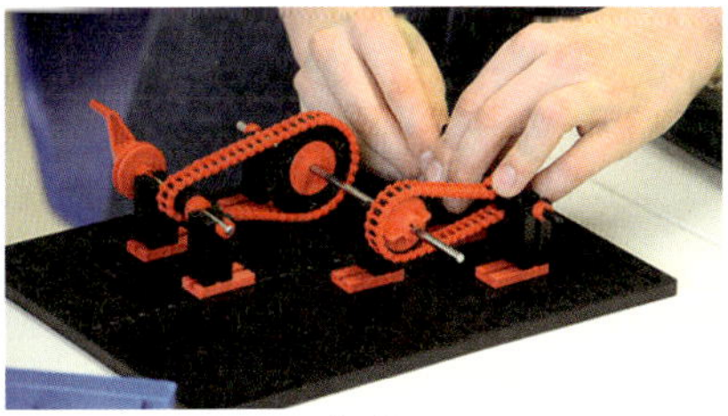

$\frac{1}{3} \cdot \frac{2}{1}$

$\frac{3}{2}$

32 Natürlich ist eine Bühne, die immer leer ist, ebenso uninteressant. Der Wechsel ist für die Wahrnehmung entscheidend. Alle Wahrnehmung beruht auf Gegensätzen. Anders formuliert: Ein Beobachter kann prinzipiell nur Unterschiede wahrnehmen.

33 Beispiel aus Martin Kramer: *Bruchrechnen als Abenteuer – mit Ketten und Zahnrädern Bruchrechnen begreifen*, Klett-Kallmeyer Verlag, 2018.

Erweiterung der Gebärdensprache

Ein Gegenstand kann zum Anzeigen von Inhalten genutzt werden. So lassen sich beispielsweise Winkel gut mit zwei Stiften oder mit einem Stift und der Tischkante darstellen. Weiter kann ein Stift als Kompass fungieren und Norden oder eine definierte Richtung anzeigen. Ebenfalls lassen sich die Addition von Zeigern und Vektoren damit sehr anschaulich darstellen.[34]

Häufig können die Werkzeuge, die eine Erweiterung der Gebärdensprache ermöglichen, selbst als Speicher dienen, in dem man das „Werkzeug" liegen lässt.

34 Eine ausführliche Darstellung der Vektoraddition findet der interessierte Leser bei Martin Kramer: *Mathematik als Abenteuer,* Bd. II, Klett-Kallmeyer, Seelze 2018, 5. Aufl.

Schlussbemerkung

Unterrichten Sie Schüler oder eine Klasse?

Auf den ersten Blick wirkt die Frage seltsam. Worin soll denn der Unterschied liegen? Bilden die Schüler denn nicht eine Klasse?

Ja, das tun sie und genau in dieser „Klassenbildung" steckt der Unterschied. Solange „Schüler" unterrichtet werden, betrachtet man Unterricht als Kommunikation zwischen Lehrer und den (einzelnen) Schülern. Bei dieser Auffassung von Unterricht ist es am besten, wenn jeder Schüler seinen eigenen Lehrer hätte und individuell betreut und angeregt werden könnte. Aber da eine Eins-zu-Eins-Betreuung zu aufwendig und kostspielig wäre, wird in Gruppen unterrichtet. Die Gruppe als Lösung eines ökonomischen Problems, als Möglichkeit zum Sparen: Sitzen mehrere Schüler im Unterricht, können mehrere gleichzeitig von demselben Programm des Lehrers profitieren. Es ist dann ein bisschen so wie in einem Kinofilm: Es ist egal, wie viele Leute den Film sehen.

Ganz anders ist die Situation, wenn die Idee darin besteht, eine „Klasse" zu unterrichten. Natürlich besteht die Klasse aus einzelnen Schülern, aber diese bilden zusammen etwas Neues. Es handelt sich um

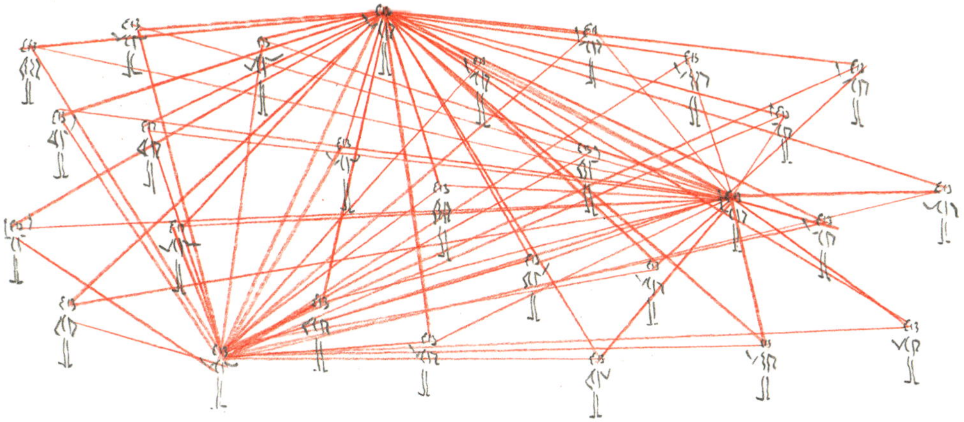

systemischer Ansatz

einen systemischen Ansatz: Eine „Klasse“ ist mehr als die Summe ihrer Schüler. Man kann die Kommunikationen in der Klasse als ein System beschreiben, die Kommunikationen fügen sozusagen die Klasse als Einheit zusammen. Der Lehrer steht nicht vor einzelnen Schülern, er steht vor einem emergenten Gefüge: der Klasse. Auch wenn der Lehrer jeden Schüler in einem Einzelgespräch kennengelernt hat, kann er nicht voraussagen, wie sich die Klasse verhält. Es gibt zu viele Interaktionsachsen, die gleichsam das unsichtbare Netz der „Klasse“ bilden. In Kapitel 1 ist dieses skizziert.

Zwei unterschiedliche Rollen

Ob der Lehrer vor seinen Schülern oder vor einer Klasse steht, definiert seine Rolle und mit der neuen Rolle ändert sich sein Arbeitsplatz. Der Lehrer, der Schüler unterrichtet, denkt daran, dass möglichst jeder die Sache mitbekommen und verstehen sollte. Er achtet darauf, dass das gezeigte Programm für jeden ersichtlich und verstehbar ist. Um das Bild des Films aufzugreifen: Der Lehrer sorgt dafür, dass jeder alles sehen und hören kann.

Unterrichtet der Lehrer hingegen eine Klasse, so geht es in erster Linie nicht darum, dass der einzelne Schüler etwas lernt, sondern dass das System „Klasse“ etwas lernt. Und dieses lernt anders als einzelne Schüler. An die Stelle der direkten Vermittlung tritt die Diskussion. Der Lehrer wird zum Spiel- und Diskussionsleiter. Die wichtigste Kompetenz des Lehrers besteht hier im Moderieren, im Leiten und im Strukturieren von Diskussionen.

Diskussion

Bei dieser Sicht auf Unterricht erscheint die Klasse als ein eigenständiges System, als ein eigenes Wesen, welches seine eigene Art des Ausdrucks besitzt und auf seine eigene Art und Weise angesprochen werden möchte. So geht es in diesem Buch nicht nur darum, dass die „normale“ unterrichtliche Kommunikation einfach in eine nonverbale übersetzt wird. Mit dem Nonverbalen verändert sich das soziale System Unterricht. Und dieses Buch lädt in diese andere Unterrichtswelt ein.

Literatur

BATESON, Gregory: Kybernetische Erklärung. In: Ökologie des Geistes, Suhrkamp, Frankfurt am Main, 1981

BATESON, Gregory: Geist und Natur. Eine notwendige Einheit, Suhrkamp, Frankfurt am Main, 2002

BAUER, Joachim: Warum ich fühle, was du fühlst: Intuitive Kommunikation und das Geheimnis der Spiegelneurone, Heyne Verlag, München, 17. Aufl. 2006

BERGHAUS, Margot: Luhmann leicht gemacht. Eine Einführung in die Systemtheorie, Böhlau Verlag, Köln/Weimar/Wien, 3. Auflage 2011

BROOK, Peter: Der leere Raum. Alexander Verlag Berlin, 8. Auflage 2004

CSIKSZENTMIHALYI, Mihaly: Flow – der Weg zum Glück. Der Entdecker des Flow-Prinzips erklärt seine Lebensphilosophie, in: Ingeborg Szöllosi (Hrsg.), Herder Spektrum, 2010

FOERSTER, Heinz von: Wissen und Gewissen, Suhrkamp Verlag, Frankfurt am Main, 9. Auflage 2015

GRELL, Jochen: Techniken des Lehrerverhaltens; Beltz Verlag, Weinheim und Basel, 15. Auflage (Nachdruck) 2001

HERRMANN, Ulrich (Hrsg.): Neurodidaktik, Beltz Verlag, Weinheim und Basel, 2. Aufl. 2009

JASPERS, Karl: Descartes und die Philosophie, De Gruyter, Berlin, 4. Auflage 1966

JOHNSTONE, Keith: Theaterspiele, Spontaneität, Improvisation und die Kunst des Geschichtenerzählens, Alexander Verlag, Berlin, 5. Auflage 2004

KLIPPERT, Heinz: Kommunikationstraining; Beltz Verlag, Weinheim und Basel, 11. Auflage 2006

KLIPPERT, Heinz: Teamentwicklung im Klassenraum; Beltz Verlag, Weinheim und Basel, 6. Auflage 2002

KNEER, Georg, NASSEHI, Armin: Niklas Luhmanns Theorie sozialer Systeme, Wilhelm Fink Verlag (UTB), Paderborn, 4. Aufl. 2000

KRAMER, Martin: Mathematik als Abenteuer. Erleben wird zur Grundlage des Unterrichtens Bd. I – III, Klett/Kallmeyer, Seelze, 4. Aufl. 2016

KRAMER, Martin: Mit Erbsen und Zahnstochern zur Mathematik, Beltz, Weinheim, 2011

KRAMER, Martin: Physik als Abenteuer. Erleben wird zur Grundlage des Unterrichtens Bd. I – II, Klett/Kallmeyer, Seelze, 3. Aufl. 2016

KRAMER, Martin: Schule ist Theater; Schneider Verlag Hohengehren, Esslingen am Neckar, 3. Auflage 2016

LUHMANN, Niklas: Soziale Systeme. Grundriß einer allgemeinen Theorie, Frankfurt a. M., 15. Auflage 2012

LUHMANN, Niklas: Sozialogische Aufklärung 5, Konstruktivistische Perspektiven, Westdeutscher Verlag, Opladen, 1990

LUHMANN, Niklas: Soziologische Aufklärung 4. Beiträge zur funktionalen Differenzierung der Gesellschaft, Westdeutscher Verlag, Opladen, 1987

MAYER, Claude-Hélène/BUSCH, Dominic: Mediation erforschen, Fragen – Forschungsmethoden – Ziele, Springer Verlag, Wiesbaden, 2012

MONTESSORI, Maria: Die Macht der Schwachen, Herder, Freiburg, 1989

PETERSSEN, Wilhelm H.: Kleines Methoden-Lexikon, Oldenbourg Schulbuchverlag, München, 3. Auflage 2009

PLATH, Maike: Spielend unterrichten und Kommunikation gestalten. Warum jeder Lehrer ein Schauspieler ist. Beltz Verlag, Weinheim und Basel, 2010

RUF, Urs/KELLER, Stefan/WINTER, Felix (Hrsg.): Besser lernen im Dialog. Dialogisches Lernen in der Unterrichtspraxis. Klett/Kallmeyer, Seelze-Velber 2008

SCHELLER, Ingo: Szenisches Spiel. Handbuch für die pädagogische Praxis. Cornelsen Verlag Scriptor, Berlin, 5. Auflage 2007

SCHLEY, Winfried: Teamkooperation und Teamentwicklung in der Schule. In: Altrichter, H./Schley, W./Schratz, M. (Hrsg.): Handbuch zur Schulentwicklung, Studien Verlag, Innsbruck/Wien 1998

SCHULZ VON THUN, Friedemann: Miteinander Reden, Bd. 1: Störungen und Klärungen. Allgemeine Psychologie der Kommunikation, Rowohlt Taschenbuch Verlag, Reinbek bei Hamburg, 48. Auflage 2010

SCHULZ VON THUN, Friedemann: Miteinander reden. Bd. 3: Das „Innere Team" und situationsgerechte Kommunikation. Rowohlt Taschenbuch Verlag, Reinbek bei Hamburg, 25. Auflage 2013

SIMON, Fritz B.: Einführung in die systemische Organisationstheorie, Carl Auer, Heidelberg, 4. Auflage 2013

SIMON, Fritz B.: Einführung in Systemtheorie und Konstruktivismus, Carl Auer, Heidelberg, 7. Auflage 2015

WELLHÖFER, Peter R.: Gruppendynamik und soziales Lernen. UVK/Lucius, München, 4. Auflage 2012